Jeanne ANTELME

AVEC L'ARMÉE D'ORIENT

NOTES D'UNE INFIRMIÈRE

A MOUDROS

PARIS
ÉMILE-PAUL FRÈRES, ÉDITEURS
100, RUE DU FAUBOURG-SAINT-HONORÉ, 100
PLACE BEAUVAU

1916

AVEC L'ARMÉE D'ORIENT

NOTES D'UNE INFIRMIÈRE

A MOUDROS

DU MÊME AUTEUR

Vivre (Lemerre, éditeur), 1 volume.
Soldats de France (Delagrave, éditeur), 1 volume.

Jeanne ANTELME

AVEC L'ARMÉE D'ORIENT

NOTES D'UNE INFIRMIÈRE

A MOUDROS

PARIS
ÉMILE-PAUL FRÈRES, ÉDITEURS
100, RUE DU FAUBOURG-SAINT-HONORÉ, 100
PLACE BEAUVAU

1916

Je dédie ce livre à quelques-uns des miens qui ont servi la France à leur manière. A mon arrière-grand-oncle maternel, le commandant Jacques Couture, chevalier de la Légion d'honneur. Blessé au combat de Charleroi (6 juin 1794), à la bataille de Hohenlinden (3 septembre 1800), à la bataille d'Eylau (8 février 1807), au combat d'Eckmühl (le 21 avril 1809) et le 9 février 1814 aux avant-postes à Haarbourg en commandant quatre compagnies du 1ᵉʳ bataillon. Cité plusieurs fois à l'ordre du corps d'armée, a reçu plusieurs lettres de félicitations du maréchal prince d'Eckmühl pour sa conduite et le sang-froid qu'il a montré dans différentes affaires qui ont eu lieu au blocus de Hambourg ; particulièrement à celle du 10 septembre 1813, 20-22 janvier, 9 février et 12 mars 1814 à Haarbourg.

A mes arrière-grands-pères maternels, tous deux officiers de valeur de la Grande Armée et cités plusieurs fois à l'ordre de l'armée. A mes arrière-grands-pères paternels qui contribuèrent à la défense de l'île Maurice en 1815 tant sur terre que sur mer.

A mon grand-père paternel, Sir Célicourt Antelme. K. C. M. G., chevalier de la Légion d'honneur, qui revendiqua toujours hautement son origine française et fit des adieux mémorables à la langue française quand celle-ci cessa d'être celle des tribunaux de l'île Maurice.

A mon père l'honorable Edgard Antelme qui, dans les différents voyages d'exploration qu'il entreprit, en 1873, 1874 et 1875, en

Australie, en Afrique du Sud et à Madagascar, s'attacha à développer l'amour de la France.

A mon frère qui, engagé dès la première heure dans l'armée régulière française, fut blessé et fait prisonnier en septembre 1914 après une très brillante conduite, et condamné en mars 1915 à onze mois de forteresse pour tentative d'évasion.

J. A.

AVEC L'ARMÉE D'ORIENT

NOTES D'UNE INFIRMIÈRE
A MOUDROS

PREMIÈRE PARTIE

I

Moudros, août 1915.

Un torpilleur !... Plus loin tout en arrière.
— Un torpilleur que l'on ne soupçonnait pas dans ces parages... Oh ! il vole au-dessus des vagues, se précipite, pendant que l'embrun giclant de toutes parts le dissimule à moitié... Remous d'écume et puis, manœuvre pleine de hardiesse, voire d'élégance... Collé au flanc du navire-hôpital, il

le harcèle de demandes... Qui êtes-vous ?
D'où venez-vous ?... a jeté le porte-voix...
Les mots cinglent...

Les yeux s'arrêtent longuement à la frêle coque grise. On a regardé non par simple habitude, c'est mieux... On a regardé très graves, émus cela va sans dire, cette poignée d'hommes, ces marins qui se battent à leur manière. Faire la police des mers, veiller sans cesse... toujours veiller, ce n'est pas si commode...

Et puis, d'autres minutes ont passé, et une tristesse indicible, une affreuse tristesse vous accapare, tristesse qui semble devoir s'éterniser tant elle s'obstine... Est-ce l'émotion des jours vécus, des jours d'hier et d'avant-hier ?... Est-ce cette heure présente, de cet inconnu dont on approche ?

Foin des conjectures ! Il faut, s'il le faut...
Il faut se faire violence, se secouer, il faut

respirer largement, la tête haute et laisser loin derrière soi beaucoup de soi-même... Il faut se taire, comprimer à deux mains le cœur qui fait quelquefois mal... Il faut piétiner aussi sa douleur.

Il faut !... Les barrages de mines... Tout ce gros chapelet de bouées rouges qui ferme la rade .. La baie... très large... importante...

Ce soir, il y a comme une lumière très fine, très douce dans l'air... Des bleus, des mauves se jouent sur les cordages, à la proue du navire, entre les minuscules vagues, et recouvrent les monts environnants dont le dessin gracieux va s'irradiant. C'est lumineux, clair, tellement limpide. Et c'est l'immense gravité des crépuscules d'été...

Et maintenant c'est quelque chose d'anormal, de jamais vu, d'insoupçonné... D'innombrables bateaux qui se sont tassés, agglomérés bien à l'abri... Petits et grands ils

s'enchevêtrent, entremêlant leurs mâts...
Cheminées caduques, cheminées modernes.
Monitors et cuirassés, silhouettes de Belle-
Poule, torpilleurs élégants ultra-modernes,
cargo-boats suant et jurant aux côtés des
blanches coques des bateaux-hôpitaux, sous-
marins minuscules frôlant quelque gigan-
tesque Mauretania... barques de pêche remontant aux douces caravelles, caïques grecs,
remorqueurs poussifs, vedettes et chalutiers,
tous immobiles... comme pétrifiés.

C'est l'heure du crépuscule. L'heure pré-
cieuse entre toutes, l'heure de la prière et du
recueillement, l'heure tranquille... L'heure où
l'âme se détend... comprend et s'élève jusqu'à l'infini... l'heure divine...

Couchers de soleil d'Orient que l'on a si
magnifiquement chantés, vous avait-on rêvés
ainsi? Vous avait-on rêvés pour apaiser
l'étrange frisson de ceux qui voudraient tout

donner pour le pays, et qui ne peuvent pas grand'chose...

. . . .

Pourquoi des larmes agrandissent-elles ce soir certains yeux?...

Il n'y a toujours qu'un grand silence...

Et c'est comme une prière qui monterait vers les Cieux...

. . . .

Et toujours les navires, semblables à de grands oiseaux noirs, sont immobiles... sur l'eau immobile...

. . . .

Mais ô surprise!... Des cheminées glissent, des lumières apparaissent. Il faut regarder, sans bouger, par crainte de déranger le silence, de peur aussi de se méprendre...

Mais... mais c'est bien cela, parmi les oiseaux noirs, d'autres oiseaux noirs se meuvent... beaucoup d'oiseaux noirs, qui s'en viennent maintenant de tous côtés, et qui semblent obéir mécaniquement... Un ordre peut-être?... et qu'on exécuterait dans un ensemble? Ils glissent sans heurt, sans hésitation aucune, ils se frayent un chemin graves et silencieux...

Ils ont passé illuminés comme en un jour de fête... Et la nuit est venue, une nuit semblable à beaucoup de nuits d'Orient, une nuit très lumineuse...

Oh! ces lumières qui étaient tout proche les lumières de ces navires qui défilent, elles ont disparu comme dans un déclic, très brusquement.

C'est juste!... « Tout feu éteint... » La consigne... On doit naviguer les yeux plus que jamais fixés sur la boussole... au ciel quelquefois pour chercher les étoiles qui servent de points de repères... Chants... cris... souhaits... Un transport passe... Sur le pont branle-bas général... Grouillement humain d'où jaillit l'admirable enthousiasme qui n'a point vieilli... Et puis, à son tour... le transport a disparu dans la nuit...

Silencieusement, comme à pas mesurés, comme marcherait une nonne dans une église, un bateau glisse presque religieusement dans le sillage de l'autre, du transport... Un bateau pas très, très grand, un bateau tout blanc... Grande bande verte lumineuse... et grande croix rouge, lumineuse aussi... Oh ! il passe sans cris... sans clameurs... Il est presque sans vie. Et il n'éteindra pas ses feux au delà du barrage de mines : il ne doit pas les éteindre « rapport à une convention », il ne les éteint jamais... Il est seulement un peu douloureux... mélancolique... Les vagues jouent avec sa croix de feu qui s'éparpille sur elles... Il continue sa route, calme et résolu. De loin, de très loin, il reste visible. Sa croix n'est plus qu'un grand rubis, couleur de sang... Et chacun s'est incliné... Place à ceux qui ont lutté...

Au flanc des collines où grimpent les camps, des feux s'allument. C'est la vie de chaque soir qui reprend... La vie loin de France, dans un de ces cadres que l'on ne sait pas là-bas... sous un ciel d'Orient, pendant une nuit de guerre et d'inébranlable courage...

Oh! prions, prions Dieu, toujours...

II

Moudros, août 1915.

Oh! cette poussière qui nous a aveuglés, nous a fait faire volte-face... Les yeux brûlent et la bouche en est toute remplie. Elle s'écrase entre les dents. Elle vous pénètre dans le cou, vous glisse entre les épaules.

C'est une journée d'excessive chaleur et, comme le vent souffle, la poussière poursuit une danse échevelée. Elle est bousculée, soulevée, elle monte, elle grimpe haut, elle se précipite sur vous, vous fouette comme une furie. Et de quelque côté que l'on aille, sous les marabouts ou dans les baraques, elle vous poursuit, vous hante...

Oh! cette poussière, je gage que vous n'en avez jamais vu de pareille. Pensez donc, la rade elle-même a disparu sous le nuage jaune qui s'attache sur elle. On ne voit plus les bateaux. On ne voit que la grande nappe poussiéreuse qui a l'air d'insulter le ciel. C'est la pire misère que ces journées de poussière... Elle charrie avec elle tous les germes mauvais et c'est un peu une semence de mort...

Ajoutez à cela les mouches innombrables qui, pour la fuir un peu, emplissent les baraques et les tentes. Comme elles sont terribles, ces mouches, et comme elles vous en veulent. Il y en a partout, elles recouvrent les moindres boiseries, les moindres bouts de toile, tout ce qui offre une superficie. Et elles se serrent si étroitement entre elles qu'on ne sait plus sur quoi elles reposent. Elles grouillent, elles grognent, elles se surlèvent en masse et vous poursuivent, vous tenaillent. Elles se posent sur vos lèvres, sur vos yeux, elles vous entrent dans la bouche. Oh! elles sont intolérables... C'est une vraie souffrance...

J'oubliais de vous parler d'un autre insecte aussi odieux qu'entêté. Sa qualité me choque et j'ai presque honte de vous la dire... Je veux parler des puces... Oui, des puces qui sont aussi innombrables que les mouches, et qui, elles aussi, montent à l'assaut... Nous nous les attrapions mutuellement tout en soignant nos malades ou tout en causant. On en prenait quelquefois deux ou trois à la fois et ce geste-là était si naturel qu'on ne s'arrêtait pas pour remercier. Elles vous grimpaient dans le cou. On les sentait se promener, non isolément, mais en compagnie. Elles s'arrêtaient quelquefois, semblant choisir leur emplacement, puis elles repartaient, elles montaient, elles descendaient.

Nous n'avions pas une place de la peau qui fût indemne d'une piqûre. La nuit on les sentait rôdant toujours. On était réveillé vingt fois, et vingt fois, inutilement d'ailleurs, on essayait de les pourchasser... Peine perdue, elles repartaient tout aussitôt... Chaque soir, avant de se coucher, on étalait soigneusement ses effets. Et on les cherchait, les vilaines bêtes... Les plus patientes arrivaient à un tableau de deux cents à deux cent quarante... Et ceci, je vous assure, n'est pas une plaisanterie...

Pour notre honneur, je dois dire que nous en prenions notre parti... Mais ce qui nous était le plus dur, c'étaient nos pauvres malades qui devaient lutter la nuit avec les puces et le jour avec les mouches... Surtout les pauvres grands malades ! Il fallait voir toutes ces mouches qui leur entraient dans la bouche et qui sortaient en masse tout en bourdonnant lorsqu'on les en chassait Leurs yeux en étaient tout remplis. Les typhiques détenaient le record. On avait beau mettre des moustiquaires, cela n'y faisait rien. Allez donc lutter contre une pareille invasion. Il n'y fallait point songer... Les mouches, on les retrouvait partout... Dans les moindres récipients couverts ou pas couverts, car à peine enlevait-on le couvercle qu'elles s'y jetaient aveuglément. Je ne vous parlerai pas des autres malades, des dysentériques, d'abord parce que cela vous dégoûterait et ensuite aussi parce que vous auriez mal... Voyez-vous, lorsque vous vous trouverez à plaindre, songez quelquefois à ces pauvres petits soldats français qui, en Orient, ont souffert plus que n'importe lequel d'entre eux... Et pourtant, Dieu sait si on essayait de remédier à ces souffrances-là. Mais il y a des souffrances qui sont inhérentes aux situations, et la leur, vous savez, n'était pas toujours très gaie.

Ajoutez à cela une pénurie d'eau absolue. Et encore, nous étions au mois d'août, à une époque où tout déjà s'était amélioré... Mais deux mois auparavant, on était resté trois jours sans faire de soupe et les malades tendaient leur quart dans un geste désespéré...

Voyez-vous, c'était un peu une vision d'enfer que ce camp-là en plein été. Il fallait voir ces grands squelettes décharnés qui brûlaient la fièvre et qui vous sortaient, dans un mouvement inconscient, des jambes et des bras qui étaient moins que des os... Tout cela était sous des tentes, mêlé aux poussières, aux mouches et aux puces... Ah! cette odeur qui s'en dégageait... On devait avoir l'âme solide, ou encore une volonté de fer, pour ne pas fuir de pitié et d'horreur... A ce moment-là il en mourait plusieurs par jour...

Et les petites charrettes, vers les trois heures, venaient s'aligner devant la baraque où on déposait les morts. Un piquet rendait les honneurs, le clairon battait aux champs, et puis, sous le couvert du drapeau tricolore, les mules, une à une, emportaient leur charge...

De grands panaches de poussière les escortaient... Le vent suivait... Ce n'était pas très gai...

Nous avions quinze cents à dix-huit cents malades... Ni les médecins, ni les infirmiers ne marchandaient leur peine, ah! les beaux dévouements que j'ai vus là... Tout le monde s'aimait. Tout le monde se soutenait... Et si quelquefois on prenait un air un peu plus fataliste, c'était qu'une grande pitié vous serrait le cœur et qu'aussi on sentait un sanglot tout prêt à éclater...

Ah ! oui, notre hôpital, malgré sa misère, c'était encore lui qui était le mieux de tous. Les Anglais eux-mêmes n'en revenaient pas...

Et pourtant, si vous étiez entré sous un de nos marabouts, vous auriez vu, sur ces paillasses défoncées, salies, des tas d'hommes qui grelottaient la mort...

Notre camp avait certainement le meilleur emplacement de toute l'île... Il était immense. Le camp des prisonniers turcs lui faisait suite. Puis venait le camp des zouaves. Nous étions perchés au flanc d'une colline et nous avions toute la rade à nos pieds... Des camps se perdaient dans le lointain, en face de nous... Toujours des marabouts qui étaient si délicatement posés qu'ils semblaient de grands pétales de fleurs...

Cette arrivée à Moudros, je m'en rappellerai toujours... La vision d'horreur que j'avais eue le jour, en voyant toute cette souffrance, cette aridité, pas un seul arbre, pas une seule plante, cette impression-là, le soir, s'était modifiée...

Le vent était tombé, un beau coucher de soleil nous souhaitait la bienvenue. Un de ces crépuscules qu'on ne peut pas décrire. Le ciel, je ne l'avais jamais vu aussi beau... Les étoiles « s'amenaient » une à une, à peine distinctes d'abord pendant que la mer devenait d'un bleu intense et que de grandes lames roses se promenaient sur l'ensemble... C'était, avec toutes les silhouettes au premier plan des vieux caïques grecs, dont quelques-uns avaient déployé leurs grandes voilures toutes blanches, quelque chose d'insoupçonné, de merveilleux... J'apercevais, dominant les montagnes d'en face, le sommet transfiguré du mont Athos, alors qu'à ma droite, Samothrace avec son échine toute bleue ressemblait à une grande bête lumineuse...

Des nuits comme celles-là, voyez-vous, sont de grandes leçons et pendant qu'entre deux pierres j'allumais un grand feu pour faire chauffer un peu d'eau, je fis d'étranges réflexions... Oui, je devais remercier Dieu de m'avoir amenée là. Je serais utile, je l'espérais. J'allais m'y attacher de toutes mes forces. Et la vision de toutes ces souffrances nous montrait la vanité de notre nous, et à quel point on devait éloigner de soi tout ce qui n'était pas les suprêmes lois d'amour... Le ciel, là-haut, c'était l'Éternité, c'était le désir que chacun de nous possédait, c'était notre âme... A terre, c'était notre corps, avec ses exigences et ses peurs... Il fallait dominer cela, pour jouir entièrement de ce qu'il y avait de meilleur en nous... Il ne fallait plus rien demander à la vie et

prendre seulement ce qu'elle nous donnait...
Oh ! comme il fallait être indulgent pour ceux
qui ne savaient pas, comme il fallait plaindre
ceux-là... Voyez-vous, les belles nuits ne
m'ont donné toujours que de bonnes pen-
sées... Et devant mon feu qui ronflait et sur
lequel je veillais soigneusement, je remerciais
Dieu... Les étoiles là-haut grimpaient toujours... Et il y avait tant de tranquille douceur dans l'atmosphère que je m'agenouillais
en regardant le ciel...

III

Moudros, août 1915.

La prière du soir, au camp, est coutume établie maintenant... On est libre d'y assister ou non. Elle a lieu, alors que la nuit commence, dehors, en plein air pour qu'il y ait place pour tous... On la dit au flanc de la colline, parmi les pierres, parmi les poussières, à ciel ouvert...

Le cadre est immense, très vaste. Le camp que l'on domine. D'autres camps dont les marabouts réunis ressemblent à un nid d'abeilles. La rade toute surchargée de bateaux où leurs feux s'immobilisent. Les silhouettes des monts Khadia, Shako, que sais-je?... où quelquefois de grands rayons lunaires se glissent!

C'est tout cela qu'on embrasse, à l'heure où le crépuscule s'achève.

Et c'est ici qu'on vient prier... en ce coin isolé où le drapeau tricolore recouvre la caisse de bois qui sert de maître-autel... avec chandeliers bosselés, vieillis par l'usure, lanternes aux verres maculés de bougie, toutes rouillées, toutes branlantes...

On va à la prière du soir, les yeux pleins de rêve et de douceur, sans peur. On arrive un à un... Assis en rond à la lueur dorée d'un falot, on cherche les cantiques qu'il faudra chanter...

L'officiant, lui, a retiré de sa gaine l'ostensoir d'or... Et il procède maintenant à sa toilette à lui... D'abord le surplis qu'il passe

soigneusement sur sa capote de soldat...
l'étole maintenant... Étrange cet assemblage...

Le prêtre s'est agenouillé. Et chacun a repris sa place, très grave... Les fronts s'inclinent... même ceux qu'on ne voit pas, perdus qu'ils sont dans la nuit. Il est des visages sur lesquels la lumière frappe en plein, masques amaigris, jaunis, mais énergiques. De la dignité dans le port, malgré l'uniforme tout usé...

D'autres visages moins distincts, parce que plus en arrière. Des yeux qui vivent seuls, agrandis, fébriles. Des cols relevés jusqu'aux oreilles pour atténuer le frisson qui fait claquer les dents... Debout, assis sur les talus de pierre, sur les marches fouillées à même la terre... L'attitude est recueillie...

D'ailleurs, cela s'explique... ils sont venus là parce qu'ils croient...

Des chéchias de zouaves, des territoriaux zouaves, cossus et beaux dans leur tenue impeccable, rudes faces de vieux guerriers, graves et sérieux. Fantassins hirsutes, blessés émaciés. Aussi un spahi sénégalais. Fière prestance avec suffisamment de dédain pour justifier le port de son brillant uniforme... La lumière l'éclaire à moitié et l'ombre qui s'étend derrière lui le fait paraître davantage fantastique. Il s'est assis, les jambes étendues, calme, imperturbable... très attentif... La lumière, celle de l'autel, frappe de face : éclairage unique et tableau qu'eût rêvé Rembrandt. Des silhouettes se dessinent dans l'ombre, des visages qu'on ne distingue pas, des mains qui s'entre-croisent dans un geste machinal et doux...

Combien de voix, je ne sais plus, ont entonné le *O Salutaris*. Des voix qui s'élancent, pleines de souffle, et qui gravissent, qui montent vers les cieux... des voix d'hommes, pleines de magnifiques sonorités... Les chants s'élèvent au-dessus des hommes... Dieu!... Dieu!... Dieu!... Dieu qui emplit les cœurs, l'univers et qui éclate de toutes parts... Dieu qui domine, et dont la force et la volonté s'impriment sur chaque chose... Dieu que l'on voudrait adorer à deux genoux, prostré dans la poussière... Dieu à qui on s'abandonne... Dieu à qui on tend les bras dans un immense appel...

Oh! cette prière du soir!... cette prière dite là-haut... en plein air... en commun... Tous ces hommes, combattants d'hier et de demain, dans ce rapprochement qui efface tout rang social, qui unit le pauvre au riche...

On doit venir à la prière, s'asseoir là sur ce banc aux pieds branlants... Avec à côté de soi quelque brave légionnaire timide et gauche.

dans sa sincérité de gosse. Et qui ignore, c'est tellement naturel, la signification de ces croix, croix de guerre, médaille militaire, qu'il a épinglées, un peu au hasard, sur sa poitrine... On doit se perdre dans cette foule d'hommes qui font simplement leur devoir, par habitude, peut-être, mais à coup sûr, élégamment...

Qui n'a pas vu... ne sait pas... ne peut pas savoir...

. . . .

A genoux, tous... Tous, fronts inclinés très bas... Maintenant, la lumière glisse au-dessus des têtes, sur les épaules courbées... Tous à genoux... Oui... Bénédiction divine...

L'ostensoir qui s'élève et s'abaisse et la clochette qui tinte.. qui tinte... dans un immense silence... Qui tinte pendant que les fronts s'inclinent, toujours plus près de terre... La bénédiction s'achève... L'ostensoir, dont les ors brillent, illumine seul la nuit... Silence...

. . . .

Oh ! Tous en chœur...

Parce Domine... Parce... populo... tuo... Ne in æternum irascaris nobis... Parce... Domine...

. . . .

Écoutez-nous, Seigneur... Écoutez l'angoisse de nos cœurs... tout prêts à éclater et qui vous veulent...

. . . .

Parce... Domine...

. . . .

Un mince ruban vert, une croix rouge, lumineux l'un et l'autre glissent, là-bas, sur la rade... en grand mystère, en grand silence, imposant le silence...

Parce... Domine...

Pardonne... Pardonne, Seigneur... Et puis...
Et puis ?...

Oh ! C'est tout bas qu'il faut vous le dire, en ardente supplique. Oh ! Dieu de lumière... conservez les mères, veillez sur les orphelins... apaisez les innombrables douleurs...

. . . .

Les feux des camps voisins s'allument un à un. Des brasiers tout rouges, disséminés, rapprochés. Et puis, plus loin, très loin..., le grand bûcher sinistre... celui où les Hindous brûlent leurs morts... Et ce soir, sans doute, quelque macabre cérémonie se déroule...

. . . .

Des cantiques suivent, des cantiques que tous savent... Oh! on chante comme si on voulait apaiser son cœur...

. . . .

L'aumônier s'est rapproché des hommes, un soldat tient à la main la lanterne qui éclaire, presque trop brutale, celui qui a charge d'âmes... Ses yeux vont des uns aux autres... Il parle... comme s'il parlait à chacun individuellement... Adieu le protocole des cérémonies... En famille tous...

« Mes frères, je n'ai que deux mots à vous
« dire, je ne veux pas vous retenir... Avant
« de nous quitter ce soir, songez, je vous en
« prie, que dans ce camp, cette nuit, beau-
« coup de vos camarades se meurent, d'autres
« sont morts... Tout à côté de vous, des
« agonies ont commencé... Des pères, des
« mères, des épouses et des enfants pleure-
« ront... Priez... Priez pour eux... Priez
« pour que Dieu vous donne le courage de
« tout endurer... Priez pour la France, qui,
« seule, doit être et sera victorieuse.

« Maintenant, bonsoir mes amis, bonne

« nuit... et à demain si vous le voulez
« bien... »

. . . .

Parce... Domine... Parce... populo... tuo... Ne in æternum... irascaris nobis... Parce... Domine...

Les mots et les notes vous hantent... résonnent... et chantent à l'oreille... au cœur...

En trébuchant, en se soutenant, et dans le bruit assourdi des fortes semelles à clous, dans le murmure indistinct des voix recueillies, perdus dans un silence intime et apaisant, les soldats descendent la pente très rude qui ramène au camp...

Il faut se taire ce soir, savoir garder en soi... Dieu... Dieu créateur... Dieu éternel !...

. . . .

Trois ânes minuscules, chemineaux gracieux, semblables à des djins, ont heurté, de leurs tout petits sabots, quelques pierres... Ils s'ébrouent, presque en goguette... Et c'est encore joli... Et c'est aussi très doux... Et cela ne dérange pas du tout le silence...

IV

Moudros, août 1915.

Notre camp, ce soir, s'est donné le luxe d'un grand crépuscule... Jamais encore je n'en avais contemplé de semblables. Je m'en revenais vers lui, avec tout en avant de moi un de ces troupeaux de moutons aux longues soies blanches qui descendent jusqu'à terre... Ils sont, je le crois, uniques au monde... Et ils étaient si beaux que je m'arrêtai. Ils descendaient la côte et leurs pieds bruns, gracieux et fins, frappaient la terre dure sans presque faire de bruit. C'était seulement comme un grand bruissement. Le berger, lui, s'immobilisait, en regardant le couchant. Sa grosse houppelande n'alourdissait pas ses gestes, et il ressemblait à quelque statue vue je ne sais plus où...

Tout d'un coup, comme surgissant par magie, une grande lumière rose s'épandit dans l'atmosphère... Du rose, elle passa au rouge... Mes moutons maintenant avaient de grandes soies rouges qui s'illuminaient. C'était fin, doux et violent tout à la fois... Le troupeau regardait lui aussi de ses grands yeux tranquilles cette métamorphose subite. Et les moutons s'arrêtaient en bêlant d'un accent plaintif.

La terre rougissait... Notre camp se transformait. Nos tentes, de gris pâle, devenaient de vraies fleurs tropicales, d'un rouge magnifique. Les visages rosissaient, s'épanouissaient en beauté... Les culottes rouges des

zouaves s'intensifiaient de lumière, les chéchias resplendissaient. Les collines suivaient
l'exemple...

Puis ce fut une grande vague mauve,
tout ce qui était sur terre apparut semblable
à de grands crocus d'automne... Les moutons dont les soies commençaient à s'épa-
nouir s'en allaient doucement, tout chargés
de lumière. Et les lentes clochettes jetaient
dans l'atmosphère la note très douce d'un
beau crépuscule d'été...

DEUXIÈME PARTIE

I

Moudros, septembre 1915.

Aujourd'hui a eu lieu l'enterrement d'un des médecins de notre formation. Vingt-six ans !... Après une très brillante conduite à Gallipoli, on l'avait envoyé ici parce qu'il se trouvait sérieusement malade. Il est resté à notre hôpital, refusant l'évacuation pour la France. Il avait pris du service. Tous les malades l'aimaient. Il paraissait robuste, il l'était en effet. Un grand diable de garçon solide et fort qui vous regardait droit dans les yeux avec une honnête franchise.

Et puis, en dix jours, la fièvre typhoïde l'a emporté. Vous voyez cela d'ici, la grande fièvre qui, en quelques jours, fait d'un homme vivant un homme inconscient, puis un homme mort... C'est un deuil dans l'hôpital. Il avait su acquérir toutes les sympathies. Et ce n'était pas le premier qui s'en allait comme ça... Ah! cette typhoïde, ce qu'elle en a fait de malheurs!

Je me souviens l'avoir veillé, un soir, malgré qu'il ne fût pas dans mon service. Je me rappelle ces grands yeux bleus qui me regardaient d'un air si bon, si doux, pendant que je remettais sur son front brûlant la compresse d'eau froide!... Ah! oui, vous savez, ces agonies-là, ça vous fend l'âme, et de sentir son impuissance pour arrêter la destinée, c'est ça encore qui fait le plus mal... Ah! si on pouvait donner quelque chose de soi dans ces moments-là... Si on pouvait!... Mais on ne peut rien et ce « rien » ça pèse terriblement lourd...

On l'avait mis dans une petite pièce de bois nu, où il était seul. Son pauvre lit de fer semblait trop petit pour contenir tout ce grand corps... Il paraissait si sain encore...

Oui, je me souviens... C'est resté gravé dans mes yeux, dans mon âme .. Le plus jeune frère qui avait voulu suivre le grand, l'aîné, s'était arrangé pour se faire envoyer dans nos parages. Alors, quand il est tombé si malade, il est venu tout de suite, lui, le cadet... Il ne l'a plus quitté... A genoux, à côté du lit, il mettait sa tête sur l'épaule de « Jeannot » comme il l'appelait... Et c'étaient des mots hachés, des souvenirs qu'il évoquait, qu'il racontait. Et en le pressant plus fort entre ses bras, il répétait : « Oh ! Jeannot, tu te rappelles, tu te rappelles lorsqu'on allait au cours ensemble... C'était toujours toi qui me préparais mes leçons, dis Jeannot, tu te rappelles?... Non ? Tu ne te rappelles pas?... » Et il se retournait vers moi, sanglotant, sans force... « Vous voyez, il n'entend plus, il ne sait plus... » Et il reprenait encore : « Dis, mon petit Jeannot, tu vas guérir, et nous reprendrons encore notre bonne petite vie... »

Ah! vous savez, il vaut mieux me taire... Car moi-même, je ne me sens plus très forte pour continuer encore...

Et le cadet racontait... « Oui, l'autre soir, je suis resté seul une heure avec lui... J'avais besoin de quelque chose, je l'ai laissé une minute à peine... Quand je suis revenu, il était assis sur son lit. . Effrayé, je lui ai demandé ce qu'il faisait là, il m'a répondu : « J'attends maman... » Cela a été ses dernières paroles... »

Quand je vous dis que c'est plus triste que tout, ces morts-là...

On l'a conduit au cimetière en grande pompe... Et il y avait du vent, de la poussière, et on en était tout éclaboussé... Chacun était triste, et beaucoup pleuraient... Celle qui, de concert avec les médecins, s'était acharnée à lui défendre sa vie, suivait aussi... Et elle avait le cœur tout chaviré... Le clairon qui marchait en tête du cortège jetait toutes les deux minutes dans le ciel de grandes notes graves et tristes qui semblaient un rappel à l'heure que l'on vivait... Il avait l'air d'appeler toute l'attention sur le mort. Et il semblait encore vous dire... Inclinez-vous... Saluez... Comprenez. Ah! oui, mon Dieu, comme elles parlaient ces notes... Comme il savait les moduler... C'était un grand cri de ralliement qui racontait, qui disait ce qu'il fallait dire...

Lorsque nous avons passé auprès du puits grec où des femmes puisaient de l'eau, une d'elles s'est détachée du groupe et elle a jeté sur le cercueil une pauvre petite fleur, qui avait poussé Dieu sait où et au prix de quels efforts !...

II

Moudros, septembre 1915.

Nos après-midi se passaient souvent à causer longuement. Assis en rond, les hommes juchés sur leur sac ou encore au pied de leurs lits, les plus malades enfouis sous leur drap, moi assise sur quelque caisse ou sur un vieux banc qui ne tenait pas très fort. On parlait un peu de tout. Récits de guerre, vision de combats, couchers de soleil vus là-bas, dans le détroit, couchers de soleil uniques, auxquels n'étaient point restés insensibles les rudes gars qui s'y étaient battus. On parlait aussi des bombardements successifs entrepris par l'escadre alliée. Et c'est ici où commence mon histoire.

La veille était venu dans notre salle un col bleu. Il avait promis de revenir pour apporter sa part d'anecdotes. Et voilà que justement il s'amenait ! Il nous raconta ce qui suit :

— Lorsque, le 19 février, nous avons reçu l'ordre du vice-amiral Carden d'aller réduire le fort de Koum-Kalé... ce que nous étions contents ! Je crois qu'on aurait mis les bouchées doubles pour activer l'instant qui allait nous permettre de nous battre à notre tour... Oh ! ce que nous étions contents.

Ici, il respira largement, comme pour se dilater... évidemment le souvenir de cette mémorable journée était bien vivant en lui...

— Ah ! notre *Suffren !* comme on l'avait soigné. Nous sommes partis à toute allure.

Et à peine au but, on a commencé un tir indirect à grande distance (11.000 mètres), puis nous nous sommes avancés jusqu'à 6.000 mètres... Notre tir était bien réglé et nous avons fait rapidement du bon travail. Aussi, lorsque le cuirassé britannique *Vengeance* s'est amené, battant pavillon du contre-amiral de Robeck, parce qu'il voulait faire une pointe offensive à petite distance, c'est Koum-Kalé seul qui n'a pas répondu. Les trois autres ouvrages d'Hellès, Seddul Bahr et Orhanié n'ont pas fait faute de tirer, eux. La pauvre *Vengeance* ainsi encadrée était un objectif de premier ordre et il lui était impossible de répondre de tous les côtés. On tirait sur elle de partout. C'était une canonnade ininterrompue ! Quel bruit... Notre *Suffren* à nous était secoué par toutes les trépidations extérieures, c'était un ébranlement général.

Aussi le *Suffren* voyant le danger que courait la *Vengeance* est venu tout aussitôt se mettre sur bâbord pour avoir la batterie d'Hellès dans son champ de tir. A notre tour de commencer le feu sur elle. Notre réglage n'a pas été long et pour précis, il le fut... Puis, sans perdre de temps, nous avons envoyé trois magnifiques salves qui l'ont fait rester tranquille... Les Anglais dirent que nous l'avions *silenced*. Ils étaient émerveillés de la promptitude que nous avions mise pour entrer en action. Ils ne se lassaient pas de nous le dire et depuis, dans la flotte anglaise, on a surnommé le *Suffren* le *fire-eater*.

Et il a repris :

— Je vous expliquerai un jour ce qu'est un navire de guerre.

III

Moudros, septembre 1915.

Quand les nuits sont très belles et que dans les cieux il y a la grande lavure qui nettoie les étoiles, les faisant apparaître plus grosses, plus brillantes, plus souriantes peut-être, dans l'immense cadre azuré qu'elles se plaisent à habiter, on va, comme à une procession, les voir d'un peu plus près...

C'est devenu l'heure de repos, celle à laquelle on a droit, après les rudes journées de labeur... Il suffit de grimper tout là-haut, sur une colline quelconque... On y monte d'un pas alerte parce que, dans les nuits très claires, il y a comme une légèreté qui vous soulève. On escalade, on monte haut, toujours plus haut, puis dans le creux de quelque pierre encore chaude de la chaleur du jour, on s'assied... on respire et on rêve... Oh ! comme on rêve de paix, là-haut, sur la colline... comme on est plus proche de Dieu...

Voici, dominant toutes les étoiles, les magnifiques planètes... Vénus, Jupiter. Et puis, les constellations, la Couronne, Sirius, les trois Mages, les Pléiades... Le Sagittaire trop guerrier... Pour les dénommer, il faudrait les regarder une à une... Et cette course aux étoiles menacerait d'être très longue. Pour les aimer, il suffit de les comprendre, et comme les étoiles sont des personnes très sensibles, elles ne restent jamais indifférentes. Quelques-unes d'entre elles clignotent, en vous faisant les yeux doux, avec un gentil sourire. D'autres soutiennent votre regard pour vous donner confiance. Elles se mêlent entre elles tout en gardant les distances et je gage qu'elles se connaissent.

Hier soir, la nuit fut très belle. Du nord au sud, de l'ouest à l'est, il n'y avait pas un seul nuage. L'atmosphère était limpide et le ciel si merveilleusement lumineux qu'on en demeurait silencieux. Du grand bleu partout, du bleu qui se promenait sur la mer, du bleu qui se promenait sur la grande colline d'en face, celle qui a des allures félines. Et comme cette colline-là est toute recouverte d'une belle terre rouge, tout ce bleu qui se jouait sur elle, l'enveloppant, faisait d'elle une grande chose vivante et hiératique, très chaude et très lumineuse qui emplissait les yeux de beauté.

Surtout que, dans la vallée qui nous séparait, c'était le silence, le grand silence, le vrai silence... Le silence des pays que n'habitent point les vivants, le silence des pays qui n'ont point d'arbres ni de végétations aucune... On n'entendait que le bruit de la terre... Le connaissez-vous ce bruit? Le bruit de la terre, oui ! — Le bruit mystérieux, troublant, le bruit de la terre qui, avec la nuit, s'éveille, respire et vibre...

Jamais, comme hier soir, je ne l'avais entendu ce bruit indéfini, immense, qui composait le silence, qui faisait le silence...

Une pierre que j'avais heurtée descendit en soubresauts, avec un bruit mat, discret et inquiet. C'était l'heure de la terre, l'heure où elle s'éveillait, parce que c'était l'heure du silence. Et jamais encore comme ce soir-là, je ne l'avais compris aussi bien. On sentait confusément que c'était là le grand mystère de l'infini des mondes et qu'il fallait respecter ce silence-là...

Alors, sans trop bien comprendre pourquoi, je regardais les étoiles... C'étaient de vieilles amies dont je n'avais point peur et qui me diraient peut-être le secret de l'avenir... Et puis, soit raison, soit folie, je me pris à oublier mon angoisse, un grand rêve passa... Je vivais sous le regard de mes étoiles sans les voir, le bruit grandissant de la terre passait sans me déranger et le silence lui-même accaparait mon cerveau, l'endormait dans un sommeil trompeur...

Je restais là, longtemps... Combien de temps, je ne sais plus... Seulement, je me le rappelle, je fus éveillée brusquement... J'avais en face de moi, au-dessus de la colline, la vision divine d'un beau croissant d'or qui glissait en sourdine...

C'était la lune qui se levait et qui me narguait un peu... Sa lumière parvenait jusqu'à moi... Et elle glissait, elle glissait, comme chez elle, dans le ciel qui ne disait mot...

... Il y a encore d'autres nuits, aussi calmes, aussi pures, mais pendant lesquelles les chouettes crient leurs misères... Oh! comme elles font mal, comme elles savent vous redire votre douleur... Et je ne sais rien de plus triste que ce chant solitaire, ce rire sépulcral, hideux. Ces soirs-là, il ne fait pas bon rôder dehors, car on revient avec l'âme tout endeuillée et au lieu du grand, grand repos que l'on cherchait, il y a comme une plus vaste déchirure dans le cœur...

Alors on revient très vite, on trébuche sur les pierres. Et pour se renforcer le cœur, si la lune est à son apogée, on s'arrête au creux de la vallée par où glisse une eau lente et douce... Là où elle peut s'ébattre, on retrouve la grande lune d'Orient, qui semble dormir dans la vasque d'eau... On la prendrait avec la main, tant il semble qu'elle est proche. Mais l'eau qui veille, l'eau qui chante tout alentour fait bonne garde... On regarde parce qu'on écoute et le beau murmure qui glisse entre les pierres chante... chante au cœur... Et c'est pourquoi, pendant les belles nuits d'Orient, on a l'âme plus légère et on se sent meilleur...

IV

Moudros, septembre 1915.

Ah ! oui, qu'il en connaissait des histoires, notre col bleu, et de vraies histoires. Aussi se redressait-il, le gosse, lorsqu'il disait :

— Ainsi, il vous aurait fallu assister à cette fameuse journée du 25 février lorsque nous avons dû appareiller pour une action définitive contre les forts de l'Entrée. Malheureusement, nous avions dû interrompre notre tir pendant six jours, à cause du mauvais temps... Enfin...

L'escadre alliée était ainsi composée : nous

autres, avec le *Charlemagne*, et la section anglaise avait H. M. S. *Vengeance* et le *Cornwallis*.

On était parti de Ténédos le cœur léger ; enfin, on allait se battre. Eh bien, cela a commencé à 10 heures 45 le tir. Les bâtiments anglais s'élançaient les premiers. Nous autres, on attendait... C'était joliment beau de voir ces bateaux courir...

Le bruit des bordées faisait un rude tapage, on ne s'entendait plus et nous autres, qui étions en réserve au large du cap Téké, nous assistions sur le spardeck et sur les boulevards à ce duel à mort. On n'avait qu'une idée, c'était de prendre la suite. On bondissait d'impatience. Surtout quand on a vu le grand combat qui s'engageait entre le dreadnought *Queen Elisabeth* et le fort d'Hellès... A terre, les obus de 38 centimètres soulevaient d'immenses colonnes de poussière avec de la fumée — tout disparaissait... Mais toutes les deux minutes pourtant deux grands éclairs giclaient de la falaise et au tour du dreadnought de voir tout à côté de lui deux grandes gerbes d'eau s'élever... Elles dominaient l'énorme cuirassé. Nous autres, nous regardions toujours, et je vous assure que nous aurions bien voulu être à leur place. Hellès répond, ne veut pas se taire, on redouble, on va plus vite, les effroyables hurlements des 15 pouces se hâtent. C'est un impossible vacarme, pendant qu'à terre les obus encerclent davantage le terre-plein de la batterie...

Est-ce que vous voyez cela d'ici ?...

Les pièces turques ont été repérées ; alors coup sur coup vous voyez trois montagnes de terre qui s'élèvent. Tout le monde applaudit, les bateaux anglais poussent des hourrah, chacun délire de joie. Et cela se comprend, vous savez. Nous étions tous, tous prêts à tout sacrifier pour assurer la victoire...

Bientôt on voit monter les étamines au maroquin du croiseur de bataille *Inflexible*, ce héros des Falkland qui bat pavillon du vice-amiral Carden, la *Vengeance* et le *Cornwallis* s'élancent à l'assaut des forts... C'était magnifique... Nous ne tenions plus en place... Ils emportaient avec nous toute notre âme. Nous n'étions plus sur le *Suffren*, mais sur les bateaux anglais...

Mais heureusement que pour nous notre tour allait venir — le branle-bas de combat a sonné — chacun court à son poste... Le lendemain, le lieutenant nous a raconté ça... Il était dans son kiosque de télémètre, il pouvait suivre le « run » des deux cuirassés anglais... Ils vont vite en besogne, ils tirent des deux bords, on appelle ça en feu accéléré... Le vacarme est encore plus terrible...

La lyddite se disperse en nuage jaune tout autour d'eux, mais on ne distingue aucun point de chute dans leur entourage... On croyait que les Turcs en avaient assez et qu'ils ne resteraient plus rien pour nous.

Lorsqu'on voit arriver sur notre gauche la *Vengeance*... On avait peur nous autres de rester les bras croisés.

Mais l'ordre vient de mettre en marche : 12 nœuds... A notre tour enfin de participer à la bataille. On met le cap sur l'entrée des Détroits... Dans le blockhaus, vous connaissez cette sorte de tourelle d'où vient le commandement, on demande :

— Distance d'Orhanie ?...

Deux angles au sectant, un coup de télémètre, un coup d'œil sur le canon de tir préparé d'avance.

— 8.500 ! 8.300 ! 8.000...

Alors pour le coup ça a été un tapage, un

paquet d'air chaud qui vous fouette le corps, de la fumée... Notre belle petite tourelle d'avant de 30 venait d'ouvrir les feux sur Orhanie.

On entend encore :

— Les angles? Distance...

— 7.400.

Notre tir alors barde, ça fait un tapage du diable, toutes nos cinq pièces de 16 centimètres de la bordée crachent comme si elles n'avaient fait que ça toute leur vie... Elles ne s'arrêtent pas, elles continuent toujours. Elles tirent sans arrêt. Quel tapage, mon Dieu, mais comme nous étions fiers, si vous saviez...

Tout d'un coup, une sonnerie se fait entendre par le porte-voix, on entend :

— Changement d'objectif..

Plus de coups de canon, plus rien, plus rien du tout. Quelle différence avec l'instant d'auparavant. Jamais je n'avais vu un silence comme celui-là. On en était impressionné! Pensez donc au tapage qui avait précédé.

On a entendu quelqu'un qui disait :

— En voilà un qui a son compte. A qui le tour?

Mais le blockhaus parle encore...

— Distance de Koum-Kalé?

— 3.100.

Nous n'en avions pas fini heureusement. Le tapage avait recommencé. On tire à nouveau, on tape de plus en plus fort. Et dans tout ce bruit, on entend les commandements que l'on hurle.

— En avant la pompe. Face! Feu!

Notre *Suffren* avançait toujours, il n'avait pas peur, je vous assure. Il arrive tout près des premières lignes de mines, puis il revient sur la gauche. On recommence le tir. On a ouvert le feu à moins de 2.000 mètres sur

Seddul-Bahr ! Les murs du château croulaient que c'en était un plaisir. Les pierres dégringolaient en charriant derrière elles de grands morceaux du fort. Ça craquait, ça se cassait. On voyait leurs pièces de canons qui sautaient en l'air et c'étaient de gros canons de marine. C'était un *pugilat* sans pareil... On continue à tirer. Ils répondent de moins en moins, notre tir frappe juste, détruit tout ce qui doit être détruit. Nous avons de rudes canonniers à bord... Bientôt ils ne répondent plus... Tout est silence chez eux... A nous la victoire...

Il a promis de revenir...

V

Moudros, septembre 1915.

Là-haut on éprouvait généralement comme un grand bien-être, une sorte de détente. Là-haut, c'était le sommet de la colline qui dominait le camp. On y arrivait en quelques minutes. L'air fouettait, on respirait librement et puis, surtout, la vue était merveilleuse.

En face, la rade, avec ses échancrures, son chargement habituel de navires de tous genres, ses barques et ses yoles, ses cuirassés et ses steamers ; à gauche, une succession

de camps, le sémaphore tout fleuri de flammes ;
à droite, d'autres camps. une échappée sur la
vallée où s'endormait un adorable village...
Et tout en arrière, une autre vallée très profonde, très rocailleuse, qui abritait dans ses
replis une bergerie construite entièrement de
pierres que ne retenaient point les habituels
ciments et que deux figuiers ornaient magnifiquement...

C'était tout cela que l'on avait à soi lorsqu'on allait là-haut ! On y grimpait vers les
six heures, par les sentiers à pic où des cailloux roulaient en s'effritant. Le crépuscule
commençait alors à sortir de ses nimbes... On
s'asseyait sur quelques grosses pierres...

Aujourd'hui, le temps fut clair à souhait ;
de la lumière toute bleue se promenait dans
l'air, teintée de mauve. C'était très doux. On
suivait les moindres détails, ces finis qui
n'appartiennent qu'aux lumières d'Orient !

Puis arriva le crépuscule avec ses mille teintes qui se superposèrent. Chacun se tut... Les yeux seuls vécurent d'une vie intense... Il y avait une sorte d'extase en eux et ils s'agrandissaient voulant tout capter... Et au fond des prunelles, c'était comme un émerveillement...

Et ce fut ensuite la nuit qui glissa avec peine quelques ombres, avec presque du regret... Alors des voix murmurèrent ce qu'elles n'avaient point voulu dire jusque-là. On parla d'Orient... On conta à mi-voix des souvenirs... On parla de la guerre... On se tut encore... Puis, quelqu'un osa...

« C'était, disait-il, au mois d'avril dernier... Nous étions ancrés en face de Skyros : un homme très jeune encore, officier, porteur d'un nom illustre, poète de valeur, Écossais d'origine, s'en était allé la veille rêver dans l'île. Cheminant avec un de ses amis, musicien comme lui était poète, inséparables compagnons tous deux, ils avaient longuement erré parmi les innombrables débris des blocs de marbre blanc, disséminés à profusion dans l'île et qui émergeaient, s'alignaient, puis se perdaient au loin. Quelques rares oliviers se voyaient de distance en distance. Poussés par un même désir, ils s'étaient étendus sous l'un d'eux. L'un et l'autre firent sans doute de longs rêves, car les heures passaient et ils ne songeaient plus à s'en aller.

Le crépuscule vint les surprendre, puis la nuit. Alors, ils reprirent le chemin qui les ramenait à bord.

Le soir même, le poète sentit une fièvre mortelle qui le secouait tout entier. L'île, jalouse des secrets qu'il venait surprendre, lui avait-elle jeté quelques maléfices? Des rêves hantèrent son cerveau, d'autres rêves entrevus dans le délire des mots. On l'entendit chanter la mort qui planait au-dessus de lui. Il évoqua les marbres qui avaient sans doute servi aux Génies de l'antique Grèce... Il dit un à un les vers qu'il avait composés, avec la cadence des rythmes, l'envolée divine... Il lutta aussi pour vaincre le mal, dans une révolte dernière, dans un dernier élan de sa jeune énergie. Puis, avec le matin, il sentit le froid des sépulcres qui gagnait ses membres, paralysait son cerveau... Alors... il mourut à l'heure des crépuscules, avec quand même son sourire de poète.

L'histoire que voici n'est pas un conte... Écoutez-la donc jusqu au bout !

— L'ordre était venu de lever l'ancre dans la nuit et de s'en aller vers d'autres pays inconnus. On résolut alors... Écoutez plutôt...

Un drapeau servit de linceul... Puis, malgré la nuit, pendant la nuit, on descendit le cercueil dans une des barques qui attendaient à la coupée... Quatre hommes porteurs de torches l'encadrèrent. Et doucement, en silence, les rames effleurant à peine la mer très bleue, on glissa vers l'île que les marbres blancs ornaient d'un magnifique éclat...

Il faisait ce soir-là une nuit lumineuse, si pure et si cristalline que chaque étoile s'en trouvait embellie... La lune rayonnait dans l'immense décor, belle, trop belle peut-être, froide et hautaine.

Les barques s'en allaient très doucement en rangs serrés et inégaux... Et puis, à cause des rochers qu'on ne pouvait voir, il fallut s'arrêter...

Alors... Écoutez toujours... Écoutez ce qui va suivre... Ce n'est point un conte, vous ai-je déjà dit... Ceci se passait au mois d'avril dernier... Des hommes se mirent à l'eau. A bras tendus, ils soulevèrent le mort au-dessus des vagues qui doucement s'entre-choquaient... C'était, venant du large, ce bruit indéfini, mais prenant par son mystère, c'était le bruit des eaux que l'on dérangeait, le bruit intérieur qui grondait en soi d'émotions décuplées... C'était le bruit du feu rongeant et déchirant les résines qui recouvraient les torches, le bruit des grandes flammes toutes échevelées qui se précipitaient, se perdaient dans la nuit... chevauchant sur le cercueil, sur les hommes, sur l'eau... C'était tout ce bruit-là, contenu et immense, qui composait le silence... car, silence il y avait...

Puis, ce fut encore à travers l'île déserte, parmi tous ces marbres gisant pêle-mêle, le défilé au pas rythmé, précédé de cornemuses. Les fifres sonnaient la marche, conduisaient le mort vers l'olivier solitaire, là où il avait rêvé longtemps... longtemps... jusqu'à la mort...

Les cornemuses jouaient... jouaient les vieux airs des lochs et des moores...

Et pendant que des hommes, à la lueur des torches, creusaient tout contre le cercueil la tombe qui allait l'ensevelir, les cornemuses jouaient... jouaient les vieux airs... ceux des lochs et des moores...

Seulement, lorsque le cercueil glissa dans la terre, les clairons sonnèrent... Ils sonnèrent longtemps... Les torches se rapprochaient, se retrouvaient au-dessus du trou béant comme en un dernier adieu au mort...

Les feuilles sans vie de l'olivier rougissaient de leur éclat, semblant s'embrasser...

Et les cornemuses chantèrent une dernière fois, disant au poète mort l'adieu des lochs et des moores, l'adieu de cette Écosse brumeuse et lumineuse, l'adieu du pays... Les cornemuses chantèrent l'adieu des vivants... Les cornemuses chantèrent longtemps... longtemps...

Aux cornemuses succédèrent les lentes clochettes d'un troupeau perdu dans les rochers... Une musette à son tour chantait dans le lointain, quelque berger qui disait à sa manière sa pensée à lui ! »

Le conteur se tut... Aucun de ses auditeurs ne songea à interrompre le silence qui gravissait tout autour d'eux. Seulement ils avaient dans les yeux, au cœur, dans chacune de leurs fibres, l'île de marbre blanc, le défilé nocturne, le son des cornemuses qui pleuraient et riaient tout à la fois... l'olivier solitaire... et la terre déchirée... Aussi les clochettes qui faisaient dring.. dring... dring... drong... drong... cling... cling... cling... dans la nuit... Et le fifre du berger...

Un bruit venant du ciel, froid et sinistre comme un couperet, passa au-dessus des têtes pensives... Réveillé en sursaut, chacun leva les yeux... Un immense vol de corbeaux se dirigeait du sud au nord. Et les ailes noires des oiseaux claquaient... claquaient... fouettant le ciel dans leur fuite précipitée...

VI

Moudros, septembre 1915.

Notre « col bleu » qui nous avait abandonnés quelque temps, pour raison de service, nous est revenu enfin. Cette fois-ci, il a encore les yeux plus brillants que d'habitude. Il a fait provision de souvenirs. Tous les malades attendent, anxieux. C'est pour eux un vrai rayon de soleil.

Aussi, lorsqu'il commence, personne ne souffle plus mot.

« Vous savez, dit-il, je ne vous ai pas tout raconté. J'ai gardé le meilleur pour la fin.

Aujourd'hui, je vais vous dire en détail cette fameuse attaque du 18 mars contre les cinq grands forts des Dardanelles.

Ce jour-là, je vous assure que ça valait la peine d'être sur le *Suffren*, d'être marin. Pensez donc, on mettait en action seize cuirassés, toutes les flottilles de destroyers et de dragueurs et que c'était pour une attaque directe et à fond des « Narrows ».

Les chefs avaient étudié la question. Vous connaissez la configuration géographique des détroits. Côte d'Asie et côte d'Europe peuvent sans difficulté concentrer leurs feux sur l'assaillant, tandis que nous autres nous n'avions la possibilité de mettre en ligne qu'un nombre restreint de bâtiments pour qu'ils puissent battre, à une distance vraiment utile, les ouvrages ennemis. Pourtant, il fallait déblayer le chenal, sans cela il n'y avait rien de fait. Il fallait arrêter le mal que causaient à nos dragueurs les batteries situées à fleur de côte par le travers du grand champ de mines.

Ce n'était pas une petite affaire, comme bien vous le supposez. Pensez à la magnifique cible que nous offrions à l'ennemi. A droite, à gauche, il y avait des canons et c'étaient de grands et solides forts que ceux que nous allions attaquer... Les rapports officiels ont dit en leur temps à quelle combinaison on s'était arrêté... Moi, je vais vous l'expliquer... »

Ici, notre gamin fit une pause comme pour bien tasser ses souvenirs, les reprendre un à un pour que chacun puisse comprendre et surtout aussi pour qu'il n'y ait point erreur.

« Eh bien, on avait décidé d'envoyer une première ligne de quatre cuirassés anglais qui se tiendrait en travers du détroit à 13.000 de la ligne Khanack-Kidil-Bahr. Ils avaient reçu pour mission de bombarder en tir lent les cinq principaux ouvrages tout en restant bien entendu hors de leur portée...

Vous voyez cela d'ici... Ils devaient attendre l'instant que l'on jugerait convenable, c'est-à-dire lorsqu'on aurait eu l'assurance que les forts étaient suffisamment désorganisés pour permettre à une seconde ligne comprenant quatre vieux cuirassés de se porter à 4.000 mètres en avant d'eux. Ces derniers avaient reçu ordre de ne pas entamer le tir de la première ligne, tout en attaquant comme elle les mêmes grands ouvrages et aussi en contrebattant les forts secondaires qui seraient à sa portée... Ce n'était pas très commode comme mission... Mais ce fut rudement chic... Entre la première et la seconde ligne on avait envoyé un cuirassé flanqueur le long de chaque rive. . Car il faut vous dire que les batteries de campagne ne se faisaient pas faute de nous cracher dessus, et il fallait leur imposer silence... On avait tout prévu et une relève vers les 14 heures devait remplacer les quatre cuirassés de la ligne d'avant ainsi que les deux flancs-gardes.

Eh bien, ce poste d'avant-garde, aux quatre vieux cuirassés, c'est nous autres, les Français, qui l'avons eu. Et nous n'en étions pas peu fiers. Pensez donc, c'était le poste le plus dangereux... Nous devions manœuvrer avec précaution pour ne pas masquer les vues des quatre cuirassés modernes. Notre division se fractionna donc en deux sections, — une devait opérer le long de la terre sous la presqu'île de Gallipoli, l'autre, nous autres, le long de la côte asiatique. Vous savez cette belle côte qui s'allonge et sur laquelle on trouve de si jolies lumières. Mais ce jour-là, elle était spécialement dangereuse, aussi notre amiral [1], qui n'avait point peur et qui se con-

[1] L'amiral Guépratte.

naissait en bravoure, la revendiqua pour sa propre section *Suffren-Bouvet.*

Maintenant que nous étions en plein dans l'action, nous nous rendions compte des difficultés. On était tout près des mines, l'eau près de terre n'avait presque pas de profondeur, et comme nous étions obligés de conserver notre objectif « en belle » et qu'il fallait bien la battre avec toute notre bordée, cela n'était pas très commode. Pensez à la petite marge qui existait entre la limite ordinaire de nos pièces, les moyennes et la distance initiale du tir si rapidement augmentée par le courant. Tout cela constituait un ensemble de circonstances qui enserraient de plus en plus nos mouvements, si bien que notre champ d'action se trouva réduit à un point presque mathématique. Le bâtiment qui avait mission de tirer sur les grands forts devait stopper malgré qu'il dérivât par ailleurs… Le second cuirassé, lui, tout en restant à peu près sur place à 500 mètres en aval, devait tirer sur les batteries secondaires tout en restant prêt à venir à notre aide et nous relever...

D'ailleurs, les chefs, et c'était convenu d'avance, avaient décidé des mutations tant pour nous permettre d'équilibrer les fatigues de notre artillerie que pour nous permettre de remonter le courant — sans avoir pour cela à interrompre le tir...

Vous voyez, le *Suffren* et le *Bouvet* étaient le point de mire des trois grands forts de la côte d'Europe (Jeni-Medjedie, Namazieh, Roumeli-Hamidieh). Les trois plus grands forts !... Et avec cela, on savait très bien qu'on ne pouvait lutter avec succès qu'avec un seul des deux grands forts d'Asie — Chanack et Hamidieh d'Asie. Tant qu'aux batteries de Soan-Dere et de Dardanus, on savait très bien qu'elles ne se laisseraient pas battre si facilement, car elles étaient rudement bien armées et surtout qu'elles étaient soutenues par des pièces de campagne...

Mais cela ne faisait rien, on était décidé à lutter, on savait que l'affaire serait des plus chaudes, qu'un tas de difficultés allaient surgir — tant pis... il fallait y aller et on y allait de gaieté de cœur, sans oublier ce qu'on allait risquer. On pouvait bien sacrifier sa vie pour son pays. Et une mort comme celle-là n'était pas une mort à dédaigner...

Maintenant que je vous ai bien expliqué nos positions, vous connaissez les Dardanelles — vous voyez la côte d'Asie et la côte d'Europe ?...

Eh bien... écoutez.

Les cuirassés modernes obéissant aux ordres avaient, à 11 heures, ouvert un feu très lent. Les gros canons tapaient lourdement, s'arrêtaient comme s'ils voulaient entendre le bruit qu'ils faisaient, puis reprenaient. Il n'y avait plus dans l'air que le bruit du canon. C'était le canon qui enlevait toute autre vision. Le contre-amiral de Robeck, qui avait remplacé la veille le vice-amiral Carden pour le commandement de la flotte alliée, nous avait donné l'ordre à 12 heures 15 de rejoindre notre poste. Nous nous sommes scindés immédiatement. Le *Gaulois* et le *Charlemagne* filaient sur la côte d'Europe pendant que notre *Suffren* et le *Bouvet* rejoignaient le point désigné, marchant à une vitesse de 12 nœuds vers la côte d'Asie. Nous arrivâmes à 9.000 mètres des forts de Fridil-Bahr... Et juste à 12 heures 40 notre bateau commençait son tir sur le tir de Yeni-Medjidie...

Mes amis, à peine étions-nous en position que ce fut comme une pluie d'obus tout autour de nous, ainsi qu'autour du *Bouvet*.

Il y en avait de tous calibres. C'étaient des gerbes d'eau, des coups de boutoir contre la cuirasse de notre bateau, comme si d'énormes, de prodigieux marteaux voulaient la défoncer. On aurait dit que tout le bateau allait céder. Ajoutez à cela la trépidation intérieure des machines, la répercussion de notre tir, la vibration intensive, insoupçonnée qui l'ébranlait.

Malgré cela, nous avons rempli à la lettre notre programme. Nos deux bateaux obéirent ponctuellement aux ordres. Ils se relevèrent comme il avait été convenu, si bien que l'objectif principal n'a pas cessé une minute d'être battu... Chacun des deux bateaux a occupé deux fois le poste de tir et vingt minutes chaque fois...

Nous autres on ne vivait plus que par le cerveau et par le cœur. On ne pensait plus à soi, on ne pensait qu'aux canons, qu'à son bateau, et on était fier. Notre *Suffren*, lui, après son premier round où il était arrivé à la distance-limite du tir, n'avait reçu — et pourtant Dieu sait si l'ennemi nous avait largement gratifiés d'obus — que deux atteintes sans gravité. Mais le *Bouvet*, lui, qui avait repris notre place, n'avait pas tardé à avoir deux incendies à bord, et sa pauvre tourelle de A. V. mise hors de combat. Cela ne l'empêchait pas de continuer son travail comme s'il n'en était rien.

Notre *Suffren* revint, reprit son poste, sur lequel l'ennemi ne s'était pas fait faute, comme bien vous devez le penser, de régler son tir. En moins d'un quart d'heure, nous avions reçu une douzaine de gros projectiles dont l'un glissa dans la casemate 10 et tourelle 6. Nous eûmes là douze hommes de tués... On avait vu de grandes projections de flammes et de fumée dans les soutes à munitions de bâbord et les chaufferies incendiées dans les entreponts. Mais surtout le circuit de conduite du tir à bâbord, bord armé, était complètement mis hors d'usage...

Mais ce n'était pas fini. Nous n'avions pas cessé de tirer, lorsqu'une voie d'eau se déclarait à bâbord A. V. On déduisit que les soutes bâbord avaient dû être noyées et le bâtiment commença à s'incliner légèrement... La cheminée A. V. était presque démolie à sa partie inférieure... Nous autres, on entendait toujours le vacarme, on sentait le bateau qui s'inclinait, mais on n'avait pas peur.

Le pauvre *Bouvet*, malgré les coups qu'il avait reçus, vint immédiatement à notre secours, pour nous permettre de reprendre du champ et présenter tribord au but. Il continua l'attaque sans la moindre défaillance. Vers 13 heures 45, nous nous apprêtions à le remplacer encore une fois, lorsque l'amiral de Robeck, se rendant compte du feu intense auquel la division française était soumise, nous signala de nous retirer. La place allait être occupée par les cuirassés anglais de relève qui arrivaient en ce moment-là dans les détroits...

Notre *Suffren* et le *Bouvet* avaient pris quelque chose, c'était incontestable. Ils avaient des morts, des blessés... Mais ce qui était important, surtout, c'est qu'ils avaient bien exécuté leur mission. Nous avions, c'est vrai, rempli sans faiblir le feu concentré, non seulement des cinq grands forts des Narrows, mais aussi celui des batteries qui étaient rudement bien armées de Dardanus, de Soah-Déré, de Sephez et de la Quarantaine. Et puis aussi, nous avions eu les canons de campagne. Tout cela faisait un ensemble qui réunissait bien vingt-cinq pièces battantes de gros calibre (24 centimètres et 35 centimètres — à peu près autant de 15 centimètres). Et je ne crois pas exagérer en disant quatre cents le nombre de projectiles qui étaient tombés autour de nous deux pendant un peu plus d'une heure.

Il y a même eu un obus de 15 centimètres qui a traversé la passerelle en écharpe. Elle a été se loger dans la chambre de navigation. Elle avait passé à toucher l'amiral et le commandant, car notre amiral et notre commandant étaient sortis hors du blockhaus pour mieux se rendre compte des circonstances de l'engagement.

Il fallait veiller à tout, suivre le tir, prescrire les mesures nécessaires pour remédier aux avaries, veiller jalousement sur la manœuvre du bâtiment. Nous étions tout près des petits fonds et à toucher le champ de mines fixes... Sur la mer, on voyait des flotteurs multiformes qu'il fallait absolument éviter... Et nous savions aussi que des mines dérivantes pouvaient être lancées contre nous. Vous voyez quelle attention !

Mais nous n'avions pas travaillé pour rien. Tous les grands forts étaient devenus presque silencieux.

Mais encore, ajouta notre grand gosse, ce n'est pas tout. Notre magnifique *Bouvet*, celui que nous avions appelé notre vaillant matelot d'arrière, a eu plus de malheur que nous... On s'en retournait, il était exactement 13 heures 58, il était à environ 500 mètres de nous en arrière, lorsqu'on l'a vu s'incliner brusquement sur tribord... Cela a été fait avec une rapidité inouïe. Il s'est incliné jusqu'à peu près 50°. Nous ne comprenions pas... On a vu un peu de fumée qui paraissait sortir de la tourelle de 27 centimètres tribord, mais on n'a pas entendu la moindre explosion, il n'y a eu aucune gerbe d'eau, aucun débris... Nous regardions toujours sans comprendre, lorsqu'après douze ou quinze secondes d'arrêt pendant lesquelles l'arrière s'enfonçait et que la bande paraissait stationnaire, le pauvre *Bouvet* a brusquement chaviré... Sa quille s'est profilée sur la mer toute bleue, puis il a disparu par l'A. R. Cela s'est passé si rapidement... Sur la carène toute verte d'algues et de goémons, on a vu des hommes courir... Presque aussitôt ils ont été jetés à la mer, engloutis... La disparition du *Bouvet* a pris moins de temps que je ne mets à vous la raconter... Moins d'une minute... Cela a été foudroyant...

On a mis à la mer, tant du côté anglais que du côté français, toutes les vedettes possibles. Les Turcs tiraient toujours, mais on a sauvé si peu d'hommes... »

TROISIÈME PARTIE

I

Moudros, octobre 1915.

Puisque je ne vous ai pas parlé encore de nos messes du dimanche, je le ferai aujourd'hui, si vous le permettez !

Ah ! oui ! qu'elles étaient pleines de simplicité, ces messes qui, depuis cinq heures, continuaient jusqu'à une heure avancée de la matinée. Dans notre formation, il y avait bien trente prêtres infirmiers, sans compter ceux qui venaient du dehors Et comme il fallait accommoder les devoirs religieux avec le temps, on en disait des messes, dans le

petit marabout qui servait de chapelle et dans
la petite masure de pierre, où une grande
vigne dissimulait la porte. C'était une chapelle grecque qui s'était perdue là, avec à ses
pieds quelques tombes très jeunes... Il y
avait une certaine Catherine, âgée de vingt
ans, morte en 1914, dont l'inscription
blanche, sur la grande croix noire, se lisait
de très loin... Une dizaine de tombes alignées contre nos baraques de malades...

Enfin, pour revenir à nos messes, je vous
en dirai deux... Oui, il y en avait donc à
toutes les heures de la matinée, mais pour
plus de sûreté, je m'étais arrangée avec un de
mes infirmiers et il n'attendait que mon bon
plaisir.

Quelquefois à huit heures, quelquefois un
peu plus tard, selon que nous étions libres,
nous partions, lui et moi, escortés d'un autre
prêtre, et nous nous en allions sur la colline,

vers le marabout minuscule. Là il revêtait son aube, il s'habillait et il commençait sa messe, qu'il disait lentement, en accentuant bien les mots.

Plus loin, le même cérémonial s'accomplissait pour d'autres. Mais personne ne s'étonnait et chacun restait libre... Je me rappelle un jour de pluie, de vent aigre... Impossible de rester dehors. Le drapeau qui recouvrait le maître-autel s'envolait sans mesure. Il fallut rentrer l'autel et nous avec. Car allez assister à une messe sous une pluie qui vous cingle et vous transperce. Je me trouvai donc en arrière de l'autel, assise sur le grabat du révérend père, pour laisser plus de place à ceux qui abandonnaient l'autre messe pour venir à la nôtre. C'est qu'aussi mon infirmier avait une réputation de sainteté qui lui gagnait tous les cœurs.

Il se trouva que parmi les assistants plusieurs

savaient les cantiques que l'on chante d'ordinaire pour célébrer le Seigneur. Ils ne se firent pas faute de s'égosiller, si bien que tout notre marabout se trouva encombré de chants très mélodieux. Et je vous assure que sous cette tourmente de poussière, de pluie et de vent, c'était encore nous qui étions les plus forts. Les voix dominaient la tempête, puis, lorsqu'elles s'arrêtaient, on entendait la voix calme et pure du prêtre qui ne voulait pas perdre un mot de son office, le disait d'une voix très pure, très sainte. Puis les répons venaient et nous autres, qui étions en face de lui, de l'autre côté de l'autel, et qui le regardions, nous nous sentions pénétrés d'un plus grand respect. Ah! oui, c'étaient de bonnes messes que ces messes dites là-haut. Le prêtre et nous ne faisions qu'un, tassés ainsi que nous l'étions. Mais c'était si simplement naturel... C'était si franc. Le bon Dieu, je pense, ne fut jamais aussi près de ses ouailles.

Un autre dimanche, nous enlevâmes d'assaut la minuscule chapelle orthodoxe. Justement un prêtre venait de terminer sa messe. Bien vite nous prîmes sa place.

L'autel était creusé dans la pierre, et il y avait tout juste la place pour poser le ciboire... On pouvait à peine tenir six dans cette masure. Mais elle avait son charme, un air vieillot et sain, un air tout primitif qui lui donnait de l'aplomb. Au mur étaient suspendues quelques icones pendant que la vigne, qui recouvrait la porte, laissait couler entre deux pierres une grande feuille toute roussie par l'automne... De sièges, il n'en fallait point chercher... Mais dans un coin, une caisse toute défoncée avait été jetée. La prendre, la secouer pour enlever sa poussière, puis la traîner au milieu de la pièce, entre les deux arcades, nous asseoir dessus, fut l'affaire d'un instant. La terre nous servit de prie-Dieu et pendant que la pluie dehors continuait à cingler, nous autres, bien à l'abri, nous avons remercié Dieu.

Puis l'office terminé, dans ce cadre de poupée où chaque mot se disséquait, nous repartîmes ensemble ainsi que nous nous en étions venus. Le prêtre était redevenu le soldat et la vie reprenait! Ah! oui! ces vies toutes simples, cette vie où l'on peut être soi, cette vie qui ne laisse de vous que ce qu'il y a de meilleur. Cette vie, voyez-vous, est la seule vraie vie. Il faut jouir de la vie que Dieu vous accorde, il faut jouir de celle des autres, parce que, voyez-vous, la vie, il faut la mériter, et pour la mériter, la comprendre...

II

Moudros, octobre 1915.

Notre jeune col bleu nous est revenu. Il est toujours loquace, plein d'entrain, et il aime tant son métier qu'il ne se fait point prier pour nous raconter ce que nous savons très mal. D'ailleurs, pour mes malades, c'est un peu une chose toute neuve que ces histoires de mer dont ils ignorent presque le premier mot. Ils n'ont jamais visité de navires de guerre. Ceux qui les ont vus, les ont vus de loin. Aussi, quand notre marin explique :

« Vous savez, les navires de guerre, c'est

pas comme les bateaux de commerce. Notre machinerie pour être à l'abri est davantage sous l'eau, nous calons plus en profondeur. Nos machines sont plus ramassées, elles n'ont pas l'envergure, le velouté comme les grands bateaux de luxe. Si vous n'avez jamais vu les chambres des machines, vous ne pouvez pas savoir. C'est un enchevêtrement ininterrompu, inextricable *a priori*, de tuyautage. Petits ou grands vont, viennent, reviennent... De grands boyaux rouges qui ont l'air tout couverts de sang. Tout cela est ramassé, retenu, pour ne pas prendre trop de place. Ainsi la chambre de transmission, pour qui n'est pas initié, elle apparaît comme un antre diabolique. Impossible de s'y reconnaître pour un profane. Ce ne sont que câbles électriques, boutons électriques, tableaux enregistreurs, télémètres, cornet acoustique, etc.

Et dans les tourelles, vous avez le maniement de nos grands canons qui glissent comme s'ils ne pesaient rien. Tout cela marche électriquement. On charge, on décharge, ça marche merveilleusement. C'est une grande ville qu'un bateau de guerre, où on vit beaucoup plus sous l'eau qu'en dehors de l'eau...

Quand le branle-bas de combat a sonné, il n'y a plus personne sur le pont. C'est comme un bateau mort à l'extérieur... Mais quelle vie dedans. Les trompettes Klackson qui déchirent l'oreille, les sonneries de commandement, le fourmillement dans les soutes pour ceux qui veillent aux chaudières.

Tout le monde est à son poste et chacun sait ce qu'il lui en coûtera s'il arrive un accident. Impossible de fuir. On est verrouillé, bloqué... Il n'y a pas très longtemps, un accident est arrivé à bord d'un bateau anglais.

C'était dans la chambre des torpilles. On a été obligé de la noyer. Quatorze hommes s'y trouvaient, aucun n'a pu s'échapper. La porte était fermée ! »

Nous frissonnions...

Il reprit :

« Mais lorsque la même chose nous est arrivée à bord du *Suffren*... Dans l'attaque du 18 mars, aux Dardanelles... Un obus de gros calibre est tombé dans une casemate. Nous avions douze petits gars qui étaient là... Tous les douze sont restés. On a retrouvé leurs cadavres hachés, carbonisés, méconnaissables, tout contre leurs pièces qu'ils avaient servies jusqu'au bout... »

Alors, il continua, les yeux au loin comme pour mieux se souvenir...

« On a été les immerger au large de Ténédos. Ce matin-là, il faisait froid, triste. La mer même ressemblait à un suaire. Je me rappelle ce matin comme si j'y étais encore, comme si je l'avais encore sous les yeux.

On avait réuni sur la plage arrière l'équipage qui avait arboré sa tenue des dimanches. On était tous alignés le long des rambardes. Et on ne causait pas entre nous. Pourtant, nous savions que la mort, c'était presque une amie... Quand on est marin!... On avait le cœur gros... Pourquoi?...

Enfin, dans un panneau, notre clairon a retenti :

— Garde à vous !

Le commandant arrivait avec tous ses officiers escortant notre amiral.

Il nous a parlé à tous, notre commandant. Il nous a dit la fierté qu'il éprouvait à commander à des hommes comme nous et qu'il comptait sur nous pour soutenir l'honneur du pavillon et le conduire à la victoire. Il a parlé des morts, il a dit l'émotion douloureuse, le chagrin qu'il avait à se séparer de ces enfants qui avaient toujours fait leur devoir.

A ce moment-là, le vent qui s'était levé a fait claquer à la corne d'artimon nos couleurs en berne... Et vous savez, les couleurs, lorsqu'on est en pleine mer, c'est un peu plus que notre sang, que notre âme, c'est plus que tout... Nos couleurs, comme nous étions prêts à donner plus que notre vie pour les conserver toujours orgueilleuses et fières...

Le ciel ne voulait pas se mettre au beau, il y avait toujours du grisaille dans l'air, un vrai temps de deuil. La mer pourtant n'était pas mauvaise, elle clapotait seulement, toute ramassée comme lorsqu'elle a froid...

L'amiral et le commandant avec nos officiers ont été ensuite dans la salle d'armes. Ils voulaient saluer nos camarades. On les avait mis les uns à côté des autres Le corps enveloppé dans une toile grise... On a dit l'absoute... La musique jouait une marche funèbre... Nous autres, on bouillait là-haut ; comme on aurait voulu prendre la mer pour aller les venger...

Après, comme on fait d'habitude, on les a portés un à un à la coupée... On y avait installé une planche qui faisait glissière... Notre aumônier suivait... Il a béni la mer... Le maître de quart rendit les honneurs du sifflet. On a entendu alors trois salves de mousqueterie, puis un bruit sourd et plat, un bruit dur qui nous serra le cœur. On a compté jusqu'à douze. Chaque fois, l'eau a répondu en éclaboussant, en faisant jaillir des gerbes qui s'en allaient frapper la coque de notre bateau. Des bulles d'air remontaient, c'était tout ce qui nous revenait de nos morts. Jamais la mer n'avait été aussi triste...

Mais ce que j'ai entendu de plus lugubre, c'est le sanglot d'un de nos quartiers-maîtres. Ah! Dieu, qu'il l'avait retenu ce sanglot-là... On n'osait pas le regarder tant on respectait sa douleur. Et puis, c'est elle au dernier moment qui a été la plus forte. Il était toujours fixe au poste, mais quand il a vu disparaître son jeune frère, eh bien... on a entendu un sanglot .. Et ses yeux, c'étaient comme des yeux de mère à qui on enlève son petit... Ce n'était pas gai, je vous assure...

Même les timoniers anglais qui étaient parmi nous depuis plusieurs mois n'y étaient pas restés insensibles. Un d'entre eux, avec de grands yeux bleus très doux et qui avait un teint de fille dérogeant avec sa superbe carrure, avait des larmes qui perlaient à ses cils...

. . . .

Ensuite, on a joué la *Marseillaise*... »

III

Moudros, octobre 1915.

Hier soir, une magistrale ondée due à un violent orage nous a valu d'être réveillées en sursaut. Il pleuvait partout dans notre baraque. Il pleuvait sur notre petit lit de fer qui chaque fois que l'on se retourne menace de s'effondrer. Il pleuvait le long des cloisons et, grâce au vent violent qui venait du sud, j'ai reçu sur la tête et sur les épaules une vraie douche.

Depuis quelques jours, j'avais une grosse fièvre. Et toute cette froidure qui a pénétré chez moi m'a glacée jusqu'aux moelles..

L'eau courait sur notre plancher. Il a fallu mettre des pierres sous nos cantines pour les préserver un peu. On a mis partout de la toile imperméabilisée. Nous nous sommes glissées dessous. On avait ouvert les parapluies et on a attendu que la pluie voulût bien cesser... Ce mauvais temps a duré trois jours...

Dans leurs baraques, nos pauvres malades avaient été transpercés. Et malgré la nuit noire, il a fallu les transporter ailleurs. On les entassa dans des pièces exiguës où il pleuvait moins fort...

Mais si vous aviez vu cet air de misère qu'avait notre hôpital quand le beau temps est revenu. La boue vous montait jusqu'aux chevilles et on en avait plus haut que les genoux. Une boue grasse et tenace où on enfonçait et qui vous retenait. Il fallait se servir de cannes comme points d'appui si on ne voulait pas s'étendre tout en long...

Pendant ces nuits de pluie, quand le ciel est si noir qu'on n'y voit plus rien et que le vent souffle et que votre lanterne s'éteint, je vous assure qu'il faut avoir le flair malin pour retrouver son chemin. On trébuche à chaque pas, on glisse, on se relève, on se heurte contre les fils de fer et puis... on recommence...

Dès que le soleil réapparaissait, et quand le soleil revient, c'est la grande fête en pays d'Orient, on mettait dehors les pauvres paillasses qui bâillaient plus que jamais. On étalait les couvertures qui pesaient lourd avec toute cette eau dans leurs laines. Les capotes s'écartelaient et soi-même on se rôtissait un peu, rien que pour sentir un peu de vie vous courir dans les veines...

IV

Moudros, octobre 1915.

Le mauvais temps a amené une recrudescence d'insectes. Deux énormes tarentules qui se promenaient en allongeant leurs longues pattes velues à l'intérieur de nos moustiquaires ont été les victimes d'une chasse soutenue et victorieuse... Un énorme cent pieds a été trouvé dans les draps d'une de mes compagnes. Il avait eu froid, la pauvre bête, on l'a tué aussi !

Mais il y a les rats qui sur le toit chaque soir dansent une sarabande. Courses d'obstacles, courses au trot, nous avons toute la gamme... Les souris, elles, détiennent le record... Dans ma chambre pour qui elles ont une prédilection marquée, c'est plaisir de les voir s'époumonner... Puis, dès que je souffle ma bougie, alors elles s'en donnent à cœur joie. Elles me dégringolent sur la figure, elles courent sur mon lit, elles grimpent, elles redescendent, tout cela dans une précipitation vraiment excessive. Quelquefois un fracas épouvantable me réveille en sursaut. C'est mon quart qu'elles ont traîné derrière elles et qui roule par terre...

Hélas! elles ne sont pas toujours très correctes, ces souris d'Orient, et quand le jour arrive, je le constate non sans courroux.

Je dois dire, à ma honte, que je n'ai pas pour elles toute l'animosité qu'il conviendrait! Et malgré qu'elles n'aient pas la grâce et le velouté et l'esprit de leurs sœurs tropicales, je ne puis m'empêcher d'admirer leur souplesse, leur petitesse et aussi ces yeux malins qui percent sur leur peau brune... Évidemment, j'entends vos cris d'horreur, mais voyez-vous, les bêtes, quelles qu'elles soient, c'est encore d'elles qu'il faut avoir le moins peur...

J'aurais voulu vous conduire dans notre office à nous, à l'heure où notre baraque s'éteint. A la lueur d'une bougie, vous assisteriez, en y arrivant par surprise, au plus fou des spectacles. Ce ne sont plus « des souris », mais des centaines de souris qui glissent de tous côtés, se jettent de haut en bas, se bousculent et se piétinent, s'élancent puis retombent, se perdent dans les chaussures alignées, glissent des vases, émergent des tasses, dégringolent le long des cloisons, se perdent encore dans une course folle, pendant laquelle, s'imaginant que c'est à leur vie qu'on en veut, elles fuient... elles fuient...

V

Seddul-Bahr, octobre 1915.

Pour aller de Moudros à Seddul-Bahr, nous avons mis un peu plus de vingt-quatre heures ! Et c'est un voyage que l'on fait généralement en six heures. C'est vrai aussi que le vent et la pluie avaient secoué la mer tant et si bien qu'elle en était tout en colère... Et puis...

Enfin, je vais vous le raconter notre voyage... Nous avions levé l'ancre vers les 17 heures, lorsqu'à 23 heures, je fus réveillée en sursaut par un va-et-vient inaccoutumé dans le corridor... Des voix se firent entendre

— le feu était a bord... Où ?... Dans la cale... Comme nous étions un navire-hôpital et que nous n'avions pas de munitions, ce n'était pas la peine de se déranger pour si peu... Je me retournai du côté du mur et je m'endormis.

A deux heures, nouveau réveil... Cette fois-ci je n'entendis point de bruit, mais le balancement de notre bateau était caractéristique. Je n'eus point de doute. Nous nous en allions à la dérive, faute de direction. Le bateau dodelinait sur l'eau, et pour celui qui est habitué à la mer et qui a été nourri des histoires de la mer, on savait très bien ce que cela voulait dire...

Quelques instants après, j'entendis encore des pas précipités, je devinais l'angoisse que l'on voulait dissimuler.

Je regardais l'heure... Il était bien deux heures !... La nuit était noire... Sans aucun doute, il faisait froid sur le pont... J'étais au chaud... Et puis à tout prendre cela n'aurait servi à rien de grimper là-haut... Et je m'endormis à nouveau, — d'un sommeil si tranquille, qu'il était près de sept heures lorsque je m'éveillais...

Nous étions ancrés en face de Kephalo...

Ah! les jolies lumières qui se jouaient sur l'île. Je vous assure que mon hublot me parut trop petit et qu'il ne suffisait pas à mes exigences... Je montais vite sur la passerelle.

Là, le commandant me raconta... Le feu avait pu être circonscrit. On l'avait éteint, mais il avait eu le temps d'atteindre la chambre de gouvernail... Les chaudières, à cause du mauvais charbon acheté au Pirée, avaient été plus que paresseuses .. Et pendant quelques heures, il n'avait plus été maître de son bateau... Le courant l'entraînait raide comme balle vers la côte d'Asie, d'où on s'était approché à deux mille mètres à peine. Heureusement qu'un autre courant était intervenu, et les réparations aidant, on avait pu remonter petit à petit et non sans peine vers une zone moins dangereuse... Et puis aussi, on avait passé aux côtés d'une grosse mine flottante qui s'en allait à la dérive... Ah ! le pauvre commandant, avec ses sabots qui faisaient clic cloc sur les planches... il commençait seulement à se rasséréner ! Quel brave homme c'était... Il en avait vu de dur en mer... Avant d'être bateau-hôpital, il avait servi de transport... Et il fallait l'entendre raconter ce débarquement à Koum-Kalé, tous ces navires qui attendaient en face de Seddul-Bahr pendant que l'on faisait une diversion sur la côte d'Asie pour permettre aux troupes de descendre sur la côte d'Europe...

— C'était noir de bateaux.. le canon tonnait, les obus tombaient... Il y avait des rafales de mitrailles... Mais cela a marché quand même... On y est arrivé... Mais ce qu'on a laissé d'hommes...

VI

Seddul-Bahr, octobre 1915.

Quand nous ancrâmes à la pointe de cette fameuse presqu'île de Gallipoli, juste entre le cap Tépé et le cap Hellès, j'eus comme un grand coup au cœur... J'eus froid, tellement froid... Il y avait dans le ciel de grands nuages lourds et tristes, les grands nuages de noirs présages. Le vent du nord, glacial, fouettait sans trop de hâte, jetant son suaire de cimetière sur les eaux, sur la terre.

J'étais à l'entrée des Dardanelles et je savais l'immense cimetière que représentait ce bout de terre... Seddul-Bahr était là, à portée des yeux, tout haché, sa mosquée défoncée. Et le vieux château d'Europe à moitié écroulé, mais portant beau encore par endroits ses créneaux meurtris. La vieille forteresse avait l'air de pleurer. Ses cyprès roussis par les flammes tremblaient comme de peur. Et tout ce bout de presqu'île ayant à ses flancs des multitudes de tentes... La terre était toute battue, aride... Plus loin, on apercevait Kritia ravagée, criblée jusqu'aux entrailles avec la ligne noire qui, en arrière d'elle, indique le fameux et sinistre ravin du Kérévés-Déré — le ravin de la mort comme l'appellent les soldats. En haut Achi-Baba, imprenable à cause de sa position.

Et plus loin, toujours plus loin, dans le grand lointain, l'Olympe de Brousse projetant ce soir, à cause du ciel d'hiver, une masse harmonieuse mais courroucée... La côte d'Asie... avec Chanak tout à côté de nous qui domine... La plaine de Troie maintenant, à droite, avec son tumulus le tombeau d'Achille, assure-t-on. Yenikeuy, Yenicher, les monts Ida qui ferment l'horizon... et Koum-Kalé en face, tout proche de nous...

Et puis, l'entrée des Dardanelles.... J'ai éprouvé rarement, en la regardant, impression plus douce... Comme elle était belle, cette eau tranquille... Quel charme infini, quel calme, quelle quiétude ! Des reflets nacrés, des reflets qui se jouaient sur elle, des reflets qui s'étendaient, se repliaient, puis revenaient et se perdaient encore...

Mais de grands éclairs ont sabré l'horizon, de grands éclairs qui s'en viennent d'Achi-Baba... Un bruit sourd et retenu, des secondes s'écoulent en silence, puis tout à côté de nous le bruit sec et terrible qui frappe et qui tue... Des flocons blancs s'élèvent et se dispersent lentement. Un... deux... trois... On compte...

on recompte... Et à nouveau, on recompte. Les mêmes éclairs jaillissent maintenant de la côte d'Asie, crèvent sur Seddul-Bahr et Kritia. Mais la vie à terre continue sans arrêt, sans stupeur... Des chevaux défilent, des convois passent, d'autres chevaux hennissent au flanc de la côte où ils sont curieusement perchés .. Des bateaux vont, viennent. Les obus tombent toujours... La coque du *Majestic* gluante pèse lugubre au-dessus de l'eau... carapace morte qui conserve ses cadavres... Et le *River Clyde*, avec son allure de cargo juché bien en évidence, insolent jusqu'au bout, narguant l'ennemi malgré qu'il soit criblé, rouillé...

De la mer, d'autres éclairs, plus grands parce que plus proches peut-être... Et encore une fois, et tant de fois encore, des secondes s'écoulent, des secondes que l'on soupèse, que l'on compte et d'où l'on déduit. Les monitors tirent. Ils répondent machinalement en larges bordées... Et on ne les devine plus dans la nuit qui descend dure, implacable...

. . . .

Aujourd'hui, c'est un matin radieux comme pour un jour de fête, avec une lumière fine et limpide qui pare chaque détail d'une grâce très douce. Et c'est si lumineux que les yeux en sont tout éblouis. Imbros tout en arrière de nous, Imbros dont le nom demeure une consonance jolie, Imbros avec ses lignes larges et souples, son mauve qui va s'irisant, s'estompant avec le bleu merveilleux des eaux. Ténédos et encore l'incomparable côte d'Asie qui se rapproche et se perd. Mouvements félins, grâce féline... L'immense plaine de Troie, Yénicher qui pleure toute pantelante, Koum-Kalé désorienté, mais conservant encore sa ligne dans l'amoncellement de ruines...

Le canon tonne... Les monts Ida se précisent davantage élevant leurs sommets avec une grâce archaïque. Des bleus, des mauves se promènent toujours, se complaisent, et les yeux vont, viennent, s'arrêtent et reviennent... Le soleil fouette sur Seddul-Bahr et le cap Hellès. La terre nue jusqu'aux entrailles attend paisible. Elle est maniée et remaniée. On creuse, on a creusé... On vit sous terre, toujours, la nuit, le jour, en arrière comme en avant. Une poussière intense s'élève par instants, puis des détonations suivent...

Et je n'ai vu nulle part ailleurs une lumière aussi pure, aussi belle, aussi prenante. Chaque heure transporte avec elle tout un cortège de coloris nouveaux, de douceurs inconnues et de chants plus grands. Et à mesure qu'elles défilent, à mesure que le crépuscule approche et que l'on pressent la débauche finale, on frissonne plus longuement.

Oh! la tragique grandeur, l'effroyable tristesse, l'incomparable beauté de ces soirs...

Un aéroplane a tournoyé dans l'air, léger et gracieux comme une luciole... Et avec des sauteries et des bonds mutins, il s'est posé au sommet de la falaise bien en vue des tirs ennemis. Le soleil irradie ses ailes. Le pilote est descendu, un autre accourt, et à nouveau, l'oiseau, en moins de temps qu'il n'en faut pour vous le raconter, repart, bravant les obus qui éclatent.

Et j'ai vu, j'ai vu ces ambulances que rien ne peut préserver contre l'ennemi... J'ai vu sur la grève les innombrables tombes surchargées de galets et que la mer baigne... J'ai vu toutes les autres tombes où on a entassé dans chacune d'elles vingt ou trente morts... J'ai vu cette fameuse baie de Morto où reposent tant des nôtres parmi les grands cyprès noirs. J'ai vu l'habituelle résidence de tous ceux qui vivent là... J'ai respiré l'effroyable odeur qui s'exhale de partout... J'ai eu les yeux brûlés et la bouche desséchée par les flots de poussière que soulève le vent... J'ai vu toute cette misère ignorée, toute cette souffrance, et j'ai su ce qu'endurent tous ceux qui « travaillent » là...

VII

Seddul-Bahr, octobre 1915.

C'est vrai, j'ai oublié de vous raconter une de ces nuits que j'avais passée ancrés en face de la presqu'île de Gallipoli. J'ai oublié de vous la dire...

Comme elle était belle, cette nuit-là, mais comme elle était triste ! Nous reposions sur un vaste cimetière, car tout au fond de la mer tant de cadavres dormaient, et nous étions tout proches aussi d'un autre plus grand cimetière, celui de la terre...

La côte d'Asie, tout comme la côte d'Europe, se découpait en ombre chinoise sur un ciel adorablement pur. Dans toute l'étendue du ciel, ce n'était que fourmillement d'étoiles aussi grosses que brillantes. Et elles s'en allaient toutes semblables à une immense horde, du même pas paisible. Oh! oui, comme elle était belle, cette nuit-là... Il y avait dans l'air cette grande tiédeur, cette sorte de chaleur qui vous retient, vous rapproche du ciel. Là-haut, sur la passerelle, on se sentait plus près de Dieu...

Puis la lune a glissé tout en arrière de l'Olympe de Brousse. On l'a vue qui montait vers les cieux avec tant d'assurance et de calme! Et puis, il a semblé toujours, que c'était de son plein gré et par condescendance, qu'elle laissait traîner à terre un peu de son grand rayon lunaire... Il a glissé là-bas, sur la côte d'Asie, puis il est venu se jouer avec les minuscules vagues qui recommençaient leur danse pour mieux lui faire fête!...

Oh ! cette immense douceur !... Plus d'une fois, je m'en suis voulu d'avoir tant goûté ces heures... Mais voyez-vous, par des nuits pareilles, on sait mieux, parce qu'on est plus proche de Dieu... Et encore par ces nuits-là, c'est Dieu qui rayonne et que l'on aime. Oui, on se sent meilleur et on prie mieux... Là-bas, dans le beau rayon lunaire, on voyait la bouée noire, celle qui marque l'emplacement où disparut le *Bouvet*. Et j'ai prié, j'ai prié pour tous ses morts, comme je ne l'avais jamais fait jusque-là...

L'ennemi lui-même s'était tu, et nous autres, sans doute, nous pensions comme lui.

La lune gravissait toujours, elle montait droit vers les cieux, et les étoiles, elles, semblaient s'écarter comme pour lui livrer passage... Son grand panache se jouait toujours sur l'eau, réveillant en sursaut les autres vagues qui s'endormaient...

Et puis, cet éclairage unique n'a point suffi à ceux qui étaient de l'autre côté de la terre. Chanak a lancé son projecteur et il nous a frappés de face ! Oh ! l'insulte... J'en rougis encore... Oh ! cette insolence plus cinglante qu'un coup de fouet. J'ai compris alors que même par les belles nuits d'Orient, on ait l'âme sanguinaire.

Il nous avait pris dans son orbite et sans doute il nous désignait, il nous tenait dans ses serres, il nous dévisageait, nous scrutait, puis sans plus rien dire, il s'en est allé ailleurs...

VIII

Seddul-Bahr, octobre 1915.

Eh bien! oui, j'ai visité ce fameux laboratoire, cet antre diabolique dont on parle à Seddul-Bahr... Le laboratoire du Dr S., installé dans les caves du château d'Europe.

Je vous assure qu'une visite s'imposait. Évidemment il ne fallait pas craindre de se courber pour pénétrer dans le couloir unique qui y conduisait. Il ne fallait pas aussi craindre la poussière et même l'obscurité. En y allant à tâtons, en suivant les murs, on y arrive presque tout seul. Les grosses murailles qui ont supporté des siècles soutiennent encore le choc des obus, et allez déranger un bactériologue lorsqu'il est penché sur ses tubes de verre et ses fioles innombrables...

Mais pour en revenir à notre laboratoire, il était installé dans une salle en forme de dôme. On y imaginait là facilement les travaux d'antan, les enquêtes faites à huis clos, les jugements, puis les suppressions sans formules, ni scrupules, du délinquant proposé pour assouvir la fantaisie de quelque hôte... Tout cela était très simple, très naturel... Et allez entendre les gémissements de l'inculpé au travers de ces murs construits pour l'oubli... Diable, jamais, comme ce jour-là, je n'ai senti le poids des pierres...

Enfin, notre laboratoire était bien un laboratoire... Tout y avait pris place, depuis le grand microscope qui dormait sous la lampe de benzol jusqu'à l'étuve qui fonctionnait sans heurts... Il y avait bien un peu de poussière... Et puis la lumière n'était pas toujours très suffisante, mais en y regardant bien, on y arrivait encore... Le chef de cet antre diabolique était, lorsque j'y pénétrais, dans sa grande blouse blanche en train d'étendre soigneusement sur une plaquette de verre une mixture qui était d'un bleu superbe, bleu de Mytilène, m'a-t-on dit plus tard.

La lampe contre laquelle il travaillait l'éclairait de face. Et tout alentour de lui, ce n'était qu'obscurité... Je vous assure que ce ne fut point un spectacle ordinaire et, malgré l'impassibilité et la vétusté des vieilles pierres du château d'Europe, elles-mêmes regardaient ahuries, comme si elles n'avaient jamais pensé à une pareille chose...

L'accueil fut charmant. Et pendant qu'assourdi, le bruit des obus s'égrenait au-dessus de nos têtes, je m'attardais pour bien me rappeler... Comme souvenir, j'ai emporté une photographie de ce lieu peu ordinaire, une photographie qu'on avait prise au magnésium, et je gage que devant cette intrusion de la civilisation, les vieilles pierres elles-mêmes suffoquèrent de l'outrecuidance...

IX

Moudros, octobre 1915.

Drôle de voyage tout de même, celui que je fis de Seddul-Bahr à Moudros. La *Jeanne-Antoinette* jaugeait un peu plus de cent tonnes et à peine avions-nous quitté la jetée qui abrite le *River Clyde* qu'un violent vent du sud se mit à souffler... Diable ce ne fut plus si amusant... Notre bateau, plus léger qu'un bouchon à cause de son manque de lest, sautait au-dessus des vagues avec un tel plaisir qu'on en restait étonné. Le pont était encombré. Une centaine de malades avec quelques blessés, car de cabines il n'en fallait point parler.

Il y avait tout juste au-dessous de nous la cale où d'habitude l'on entassait les fûts de vins.

Quoique bon marin, je ne trouvais pas la valse très drôle. A chaque coup de mer, et ils étaient nombreux, l'eau embarquait. Les hommes hurlaient. Quelques Sénégalais roulaient des yeux tout blancs en faisant d'incommensurables efforts. Ce n'était qu'un concert de plaintes et de gémissements. On se levait, on retombait, on roulait... Parmi les évacués, il s'en trouvait quelques-uns, des grands malades, qui étaient couchés sur des brancards... Ceux-là n'avaient pas la force de se plaindre, mais on lisait une telle souffrance sur leurs traits que cela en faisait pitié. Moi-même, j'étais transie de froid, mouillée jusqu'aux os. J'essayais bien de me lever pour aller jusqu'à eux, mais, pan! un coup de mer arrivait et je me trouvais à nouveau par terre.

Nous sautions toujours et notre bateau paraissait de plus en plus léger. Le capitaine, un homme tout rond et très brave, secouait la tête... La mer resterait grosse pour toute la sainte journée...

A l'horizon, nul espoir d'un changement de temps. Le capitaine avait raison, il fallait en prendre son parti. Mais allez prendre votre parti lorsqu'une danse échevelée vous secoue de bas en haut, de haut en bas, etc.

La mer toute moutonneuse avait de grands creux dans lesquels nous disparaissions, puis nous remontions de l'autre côté. Et nous recommencions à nouveau encore et toujours. Un torpilleur au loin filait en vitesse, chevauchant sur les vagues dans une magnifique allure. Nous autres, nous faisions six nœuds... Des silhouettes de cargo-boats tanguant majestueusement se profilaient...

En fin de compte, on se décida à nous

grouper ensemble en un grand tas. On aurait ainsi plus chaud. Le capitaine généreusement nous recouvrit d'une bâche. Je ne dis pas qu'il fit bien bon là-dessous, mais nous étions si las que nous ne songeâmes plus à bouger. On tanguait, on roulait, il y avait des cris, des gémissements, des hoquets. La mer enlevait ce qu'il y avait de trop, le vent raflait les émanations malsaines. On était couché les uns sur les autres, mouillés tous jusqu'aux os...

Les heures passèrent sur cette morne détresse, et c'est ainsi que nous arrivâmes en tête de rade de Moudros. A l'abri, derrière l'île, le vent ne soufflait plus, à moins qu'il ne fût tombé comme par enchantement. La mer était redevenue subitement calme, un peu de brume se répandait à l'horizon...

Comme par magie, tout le monde s'était réveillé. Les plus malades mêmes s'agitaient.

On n'était plus sous la bâche, mais debout... Des cigarettes s'allumaient... C'était comme le réveil de jeunes poussins. La vie revenait, on était dispos, on respirait à l'aise et on ne songeait plus qu'à regarder. Vraiment, variant d'une minute à l'autre, c'était un curieux spectacle... Moi-même, j'avais complètement oublié que ma robe blanche me collait sur le dos. Je me sentais en train, malgré la grande fatigue qui me cassait un peu les jambes.

Mais notre entrée en rade valait la peine d'être regardée. A la tombée de la nuit, les bateaux sortent, tout feu éteint, et prennent le large pour suivre leur destination. Ce soir-là, il y en avait bien une vingtaine, tous des gros, dont le plus volumineux était l'*Olympic*. Cette masse formidable se mouvait à l'aise, entre les autres bateaux, et nous autres disparaissant dans l'ensemble, nous avions à louvoyer avec adresse. Un ou deux coups de sirène, selon que nous passions à droite ou à gauche. Puis un coup de barre habilement donné, nous voilà presque sous le nez d'un de ces molosses. On esquivait le danger, puis on reprenait de plus belle jusqu'à ce que nous les ayons tous dépassés. Jamais je n'oublierai l'impression éprouvée... Nous autres, si petits, perdus au milieu de cette horde, dévalant à ses côtés, sautant, glissant, nous autres pour qui ils semblaient ne pas même avoir un regard...

Tous ces bateaux prenant le large m'apparurent ce soir-là comme une envolée d'oiseaux nocturnes qui attendraient la nuit pour prendre leur vol et s'en aller au loin chercher leur pâture.

QUATRIÈME PARTIE

I

Moudros, novembre 1915.

Un matin lourd de brouillard intense. Un matin d'hiver glacial et humide. Les brumes entassées, le grand suaire blanc, celui que connaissent les pays du Nord, écrase et pénètre. On ignore tout des choses les plus proches et les silhouettes se perdent, fauchées comme dans un déclic. Tout est pris, diminué, effacé.

Des ombres surgissent avec comme une peur irraisonnée, l'appréhension presque maladive de ce retranchement du monde visible.

Il règne tout autour de soi la grande tristesse de l'instinct qui s'égare, se perd. On parle à voix lente et basse, à phrases hachées, avec l'impression intolérable de l'inconnu, de l'impossibilité à combattre.

Notre camp, ce jour-là, respira mal. Les tentes semblaient sortir de terre, brusquement, comme d'immenses fleurs de neige. D'autres tentes toutes pâles s'affaissaient, un peu flétries.

Et tout alentour, c'était dans l'immense silence, l'immense bruit qui vient du large, de ce là-bas dont on ne mesure plus les distances et dont on ne sait plus rien. Les sirènes gémissent, pleurent et supplient. Ce sont les longs sanglots, les plaintes interminables, rauques comme celles du désespoir ; cris de rage et d'appel, brefs et volontaires, cri plaintif comme celui d'un enfant, cris péremptoires qui cinglent et le long cri douloureux, qui éclate comme une déchirure. Les cris de tous les navires réunis, l'infinie détresse de la meute égarée.

Aujourd'hui, c'est jour de guerre et chaque navire sait sa responsabilité. Il faut, malgré les éléments, il faut pénétrer, obéir à l'ordre. La lutte est plus tragique, plus âpre... Le sinistre concert continue ses accords. L'atmosphère s'en imprègne, en retient les notes aiguës comme des vrilles qui pénètrent l'ouïe et compriment le cœur. Et encore une fois, le long cri douloureux, tenace, éclate comme une déchirure... revient encore...

Oh! ces gémissements, ces plaintes et ces suppliques!

II

Moudros, novembre 1915.

Il y a du malheur dans notre baraque. Une de nos infirmières a dû être évacuée pour France à cause d'une grosse fièvre intestinale. Et maintenant notre infirmière-major, Mademoiselle Oberkampf qui, par la suite, refusa d'être évacuée restant fidèle à son poste, est alitée à son tour. On avait parlé de typhoïde. On ne s'est pas trompé...

Deux de mes infirmiers en sont atteints aussi. Le vilain vent continue. C'est une rafale qui passera peut-être, mais il y en a tant, en attendant..

III

Moudros, novembre 1915.

Imaginez un matin de guerre. Imaginez cette terre d'Orient où rien du sol ne rappelle la France. Imaginez un matin gris et humide. Imaginez le camp tout endormi de tristesse. Imaginez ensuite le grand rayon d'or qui fouette les nuages, les disperse pour sa plus grande gloire à lui...

Imaginez tout cela, et encore ce réveil de chaque homme et de chaque chose... Puis regardez... vous saurez... vous comprendrez davantage.

Dans l'air, le bourdonnement ininterrompu, le bourdonnement qui se précise et envahit l'atmosphère... Le bruit étrange qui gonfle... gonfle... Le bruit double qui s'entre-choque, celui de moteurs aériens qui ébranlerait l'empire des espaces.

Vous sursauterez en reconnaissant ce bruit qui appelle l'homme hors de son antre, ce bruit qui fait fuir les bêtes... celui qui contraint à regarder haut, très haut, toujours plus haut...

Vous tressaillerez d'émotion... Vous oublierez beaucoup de choses et vous voudrez voir... Vous vous tairez pour suivre du regard les oiseaux magnifiques, ceux qui furent créés par des mains d'hommes. .

Ils s'en venaient du Nord... Leurs lignes se devinaient, ils approchaient avec la rage fougueuse d'une volonté maîtresse... Ils bravaient les remous, ils happaient l'immensité des cieux... Les oiseaux magnifiques dans la clarté d'un ciel d'automne évoluaient au-dessus des camps, les ailes déployées comme pour la suprême victoire...

Ils ont poursuivi leurs cycles... ils ont rivalisé d'ardeur... Ils se frôlèrent l'un l'autre... Ils bondirent dans ce rapprochement voulu. Ils se murmurèrent peut-être les mots cabalistiques qui enivrent les forces humaines ?... Et tournant sans répit, glissant en de longs mouvements souples, rasant le sol, puis remontant ensuite dans une large envolée, ils s'en allaient là où des yeux d'hommes les devinaient à peine.

Ils charriaient derrière eux, attachés à leurs cocardes tricolores, mille et mille yeux... Les poitrines se soulevaient, les gorges se contractaient et les voix se taisaient. On n'entendait sur la terre que le frémissement muet des émotions décuplées...

Ce fut le plus grand réveil dans le camp...

Chaque soldat avait senti en lui une force nouvelle, des aspirations meilleures. Il rêva dans une minute de compréhension divine au partage des sacrifices consentis pour la nation et dont il était le dépositaire... Il oublia son rôle pour rêver à d'autres renoncements. Il éprouva individuellement ce transport des foules qui conduit l'homme à son apogée... Il eut la vision plus nette encore d'idées créatrices, d'idées qui régénéreraient le monde et le conduiraient au triomphe...

Ce fut le plus grand réveil dans le camp...

Les oiseaux se jouaient dans les airs. éprouvant leur force mystérieuse. Les corselets d'acier étincelaient, et la cuirasse nécessaire pour la plus grande guerre faisait des oiseaux humains de terribles carnassiers... Les fuselages semblables aux nervures, aux muscles, jetaient de rapides éclairs... Et les hommes interrogeaient toujours ceux qui s'en venaient de plus loin qu'eux... Ils les interrogeaient de leurs yeux de soldats...

IV

Moudros, novembre 1915.

Oh ! cette retraite de Serbie, comme nous l'avons vécue... Nous connaissions beaucoup de ceux qui étaient partis là-bas... Nous savions les mouvements de troupes et on n'ignorait pas que l'on se battait un contre dix... Mais je dois dire que pas un instant la confiance n'a faibli... On a eu confiance jusqu'au bout. N'importe, il y eut de durs moments à passer... Brusquement, il nous avait semblé, dans notre île, être abandonnés de tous. Les hommes partaient, on transportait à Salonique le matériel en réserve. C'était une besogne folle qui écrasait l'appontement français... Et puis les bateaux dans la rade avaient diminué... La vie s'était faite plus calme... plus uniforme, les courriers devenaient plus rares, et nous avons eu l'impression d'être un peu le rebut, oubliés...

V

Moudros, novembre 1915.

Bah! il faut noter, il faut raconter ce que l'on sait, ce que l'on a vu de joli, de très joli, comme ceci, ce qui va suivre. Je gage que jamais histoire n'émouvra davantage. Cette histoire-là n'est pas bien compliquée. C'est d'ailleurs à peine une histoire, une histoire fraîche et belle, une histoire très simple.

Dans notre camp à nous, si vaste et tout plein de baraques en bois, de marabouts, de tentes américaines ou autres, dans notre camp, où pousse à grand'peine quelque avoine chétive, il y a des tas de soldats, de grands diables de soldats malades et décharnés.

Il y a surtout les longues fièvres qui démolissent un homme, le sabrent souvent sans retour. Ces fièvres-là sont terribles, elles arrivent au moment où l'on s'y attend le moins, et je ne sais plus quel autre nom scientifique on leur a donné...

Ces malades-là, et d'autres malades encore, de très graves s'entend, ont chaque jour, écoutez-moi bien, leur rayon de soleil...

C'est un marin, un gosse, un tout petit bonhomme de dix-neuf ans et qui a ses galons de quartier-maître. Une figure imberbe, un peu bourrue, avec de grands yeux noirs candides et lointains, des yeux qui sentent et qui aiment...

Alors les jours où on ne va pas courir les

mers, bombarder quelques côtes, ces jours-là, Conort (c'est son nom) amène avec lui des camarades, marins comme de juste.. Ils arrivent joyeux, dévalant la grande plaine où leurs silhouettes dodelinantes et toutes blanches mettent des lumières.

Et puis, comme si c'était tout naturel, ils apportent avec eux des provisions de toutes sortes : qui a du tabac, qui a du papier, des oranges, des citrons, des bonbons, des livres, des journaux et tant d'autres choses qu'ils ont fait venir à grand renfort d'argent et d'imagination...

Et chacun se penche... chacun distribue...

Mais c'est Conort qui dirige la marche ; c'est lui qui connaît les plus malades, les plus pauvres, les plus abandonnés... C'est lui qui écrit le soir aux familles, lorsque, rentré au bord, il a terminé sa besogne...

C'est lui qui devine, qui sait tant et tant, que tous ses camarades le suivent et imitent l'exemple...

Conort a toute une correspondance, un courrier volumineux... Il a pris à tâche d'écrire pour ceux qui ne pourraient pas... Il a pris à tâche de rassurer les mamans, les épouses, les sœurs...

Pas besoin de connaître beaucoup Conort, pour se sentir à l'aise! Sa manière toute ronde et franche d'aborder un malade, sa douceur et sa délicatesse, voire même sa grâce, font de lui l'ami... le confident... Et Conort a aussi son sourire de marin, plein de tranquille fierté, de douce sérénité, d'ardente bravoure et de magnifique dévouement...

Et je jurerai que vous envieriez ceux qui l'aperçoivent, alors qu'il ne s'en doute pas... Il trouve les mots qu'il faut, car il parle avec son cœur, et sa figure se penche pleine de sollicitude et de tendresse sur celui qui a mal. La contagion ne lui fait pas peur... Il veut voir ceux qu'on éloigne... Il les préfère d'ailleurs... Il a une façon à lui de redresser les courages qui défaillent... Il console, il rassure... et il égaie...

Conort est devenu l'ami très cher de tous, et cela s'est fait tout de suite. Et puis aussi par habitude. Car songez, voilà des mois et des mois que Conort a pour mission de secourir ses camarades... Pas un jour de fête, pas un jour de repos... Chaque fois que l'on n'est pas en partance, Conort arrive joyeux et surchargé de mille bonnes choses...

Car Conort est le délégué du *Suffren*, de tout l'équipage du *Suffren*... de cet équipage qui chaque mois donne son obole pour l'hôpital... Du plus petit au plus grand, chacun rivalise de générosité... Chacun veut donner plus qu'il ne peut et chacun rêve à ce qu'il voudrait donner encore. Générosité de marins, que l'on ne sait pas, faite de tant de délicatesse et de bonté...

Conort a les yeux trop embrumés de douceur, pour ne pas comprendre ce que d'autres à son âge ne comprendraient pas. Et Conort aime... aime... Il aime tous ces soldats qui sont un peu ses frères, il aime son bateau dont il est fier, il aime ses chefs d'admiration passionnée... et je jurerai que Conort pour son « commandant en second » donnerait mille fois sa vie, s'il avait mille vies...

Voilà... Mon histoire n'est pas tout à fait une histoire, c'est à peine un portrait... J'aurais voulu dire mieux. J'aurais voulu dire davantage, le secours moral et physique que sont pour nos soldats si éloignés de tout ces âmes de marins... ces cœurs de marins... Conort, c'est beaucoup le *Suffren* et le *Suffren*, pour tous ceux qui ont passé par ici, restera le *Suffren*. Un bateau où l'on aimait les pauvres bougres qui avaient mal...

Conort a dit l'autre jour en revenant de l'hôpital, à son commandant en second : « Mon commandant... C'est un des plus beaux moments de mon existence... »

VI

Moudros, novembre 1915.

Ceci est encore un conte, mais un conte vrai, si triste.

Par un de ces après-midi, à l'heure où la nuit arrive et que tout bruit diminue comme d'instinct, pour faire place au recueillement et au silence, les heures de veille deviennent plus grandes, plus paisibles. Chacun écoute en lui son angoisse ou son espérance! On vit plus rapproché de la terre. On vit en communion plus directe avec toutes les souffrances humaines. On sait mieux la vanité des choses qui passent. La sensibilité s'aiguise. On entend plus distinctement les mille murmures que charrie le silence... C'est le grand calme où toute brutalité meurt. Et on n'a plus qu'un désir, celui de conserver la merveilleuse paix intérieure. On aime cette heure divine avec toute l'acuité du souvenir qui reprend ses droits...

Aujourd'hui, la douceur du soir fait plus pénétrant le silence qui vole au-dessus du camp et les trois hommes qui sont immobiles, assis sous cette tente qu'éclaire une pauvre lanterne, ces hommes-là ne causent pas. Ils vivent étrangement isolés les uns des autres. Chacun sans doute remue en lui de ces émotions qui appartiennent au passé et qui reviennent si fortement avec la tranquille beauté des soirs d'Orient.

Et je n'ai garde de troubler leur silence Les minutes glissent sans heurt. Seulement, quelquefois, on sursaute, parce qu'il semble que, dans la nuit, des pas dérangent des pierres...

J'ai regardé, si calme, si doucement calme, ce décor qui nous entoure. Les cordes de suspension qui, au-dessus du piquet poussiéreux et ébréché, pendent inégales. La table de bois sur laquelle je m'appuie, une table taillée rapidement, faite en quelques heures et qui est toute branlante. Elle use, je m'en aperçois, par un rapprochement trop étroit, la toile de notre marabout...

Et je songe à notre éloignement... C'est vrai que, là-bas, en France, on imaginerait difficilement ce groupe. Ces hommes qui veillent, si loin du pays, et si rapprochés de toutes leurs tendresses... Je me sens en confiance...

Car des semaines, puis des mois ont passé... On vit parmi eux, très libre, respirant tout autour de soi comme une sainte protection...

Les minutes s'en vont dans le grand silence du camp qui s'endort... Mais un homme a surgi à l'entrée de notre tente. Puis, sans nous en demander l'autorisation, il a pris une caisse à moitié ouverte, la retourne et s'assied.

Il a parlé à voix basse, comme pour ne pas interrompre notre rêve. Il passait justement pas très loin de nous, lorsque notre lumière l'attira. Il vient voir un peu ce que nous devenons. On n'avait pas de communiqués depuis plusieurs jours, savait-on quelque chose ?... Un bateau de commerce coulé par un sous-marin ennemi, un bateau de peu d'importance d'ailleurs, mais quand même, il y avait eu des morts. Et cette agonie, en pleine mer, dans la nuit noire, prenait pour nous une plus grande ampleur.

Or notre homme se souvenait... Et à voix plus basse encore, pendant que tout alentour le silence grandissait, il raconta :

« Un soir, un matin plutôt, car il était deux heures, le 12 mai... J'étais à Seddul-Bahr, occupé à relever un blessé... La nuit était superbe et du silence partout, dès que le canon ne se faisait plus entendre. Mon pauvre petit gosse même ne se plaignait pas... » Ici, il fit une pause... « La nuit, comme je vous le disais, était superbe, elle était pleine d'étoiles, de grandes étoiles qui se rapprochaient des plus petites comme pour les protéger. Chacun de nous vaquait à sa besogne sans perdre rien de ce qui l'entourait...

Tout d'un coup, un bruit formidable, un bruit immense, une terrible explosion broya l'atmosphère... On ne comprit pas tout d'abord... Puis doucement, comme la plainte d'un enfant, un cri monta, venant de la mer... D'autres cris suivirent qui se fondirent en un seul cri... Ouh... Ououh... Ououh... Une clameur horrible, une clameur désespérée, comme le cri de tous les morts réunis. C'était terrible et fou... La clameur augmentait, accaparait le ciel, la clameur des hommes luttant pour la vie... Oh ! ce fut intolérable...

Dans l'obscurité, on ne distinguait rien, on ne voyait rien. Seulement, le grand cri montait toujours, plus tragique, plus effroyable... plus puissant que jamais... Oh ! comme il montait ce cri... Oh ! comme il dura...

Puis, comme si on pressait sur une soupape, l'atroce clameur baissa, diminua lentement, plus douloureuse et plus terrible. Elle diminuait toujours... Et ce ouh... ouh... ne devenait plus qu'un râle... Un à un les cris s'éteignirent, puis le silence reprit... Encore une longue, longue plainte, un immense appel, un hoquet... c'était fini...

Quand même, la nuit conserva comme un sanglot, et longtemps nous entendîmes en nous ce bruit de mort... Nos oreilles et notre cœur étaient tout emplis de la sinistre clameur... Oh ! cette nuit-là, personne ne dormit...

Dès la pointe du jour, je m'en allais sur un torpilleur anglais. Je racontais notre angoisse... L'officier, un ami à qui je m'adressais, me répondit en saluant : « C'est le *Goliath* qui a sombré, six cents hommes ont péri... Mais c'est la guerre et c'est très, très peu de chose — ce n'est rien... » Et il salua encore, comme pour saluer les morts... »

Notre homme reprit :

— Quand même ce fut plutôt lugubre...

Et il se tut...

Dans notre silence à nous, on entendit distinctement, mais de très loin, le bruit très pur d'une mince clochette... Puis le *Parce Domine*... suivit...

C'était la prière du soir qui nous arrivait avec le vent, nous apportant sa douceur... Et chacun pria avec son cœur, pour les morts, pour ceux qui étaient morts cette nuit-là... Et nos yeux tout pleins de larmes cherchaient d'instinct, par l'ouverture de notre tente, un coin de ciel où brilleraient quelques étoiles...

VII

   Moudros, novembre 1915.

La nuit dernière fut dure....Personne ne dormit. Le vent du nord souffla avec des rudesses inconnues. Jamais on ne l'avait entendu d'aussi près. Les tentes se secouaient comme des bêtes, s'arc-boutaient dans une inconcevable colère. Les toiles claquaient, comme si elles en voulaient à ceux qu'elles abritaient... Le vent malin, aigre, s'engouffrait. Les supports qui retenaient les tentes s'agitaient bruyamment de droite et de gauche, en saccades brutales. Les cordes de suspension volaient et s'entre-choquaient. Tout tremblait, s'exaspérait dans une frénétique et désespérante lutte. Et le vent continuait toujours à monter à l'assaut dans un perpétuel corps à corps. Jamais personne n'avait vu une nuit pareille... Et jamais personne ne se sentit aussi seul...

Cette nuit sera toute pareille à l'autre. La même tempête sévit en cette après-midi d'hiver, avec peut-être un peu plus de violence. Le même ciel surchargé de nuages pesants, ces mêmes masses grises, avec trop d'ombres... Ces mêmes éclaircies comme pour en mesurer la profondeur...

Seulement aujourd'hui, tout vers le nord, de grands éclairs sabrent l'horizon, font craquer les ténèbres, giclant en grandes zébrures...

Ce soir, dans le camp, les tentes luttent comme hier... Quelques-unes semblent n'en plus pouvoir, toutes prêtes à céder... La lampe qu'on a allumée à l'intérieur leur donne des apparences fantomales... Ce soir il y a place pour les contes fantastiques, les sorcières des « moors » et les revenants des pays lointains.

Et puis, la pluie a jeté sa lugubre misère... Chacun grelotte, diminué par les frissons... Chacun a froid sans révolte... Seulement, ce soir, un rêve passe aussi : il ferait bon d'être au coin du feu, bien serré les uns contre les autres et d'entendre les histoires de quelque mère-grand...

Oh ! comme le vent fouette en longues et sournoises rafales, comme il gronde dans le lointain, et là... tout contre... contre la porte de bois qui ferme mal, et par où la pluie pénètre... Comme il s'entête là-haut sur les toits ! entre les tôles qui laissent suinter la pluie... Comme il chante la mort avec ce concert de plaintes... de grincements, avec tout cet égarement...

La nuit est noire, pesante...

Oh! le vent cette fois grince avec plus de fureur... Les rafales cinglent... les bois craquent... Tout crie de souffrance.

La rafale a été la plus forte ! Une porte s'est arrachée de ses gonds... Il pleut à grosses gouttes et le vent s'est engouffré en trombe.

Les hommes luttent à leur tour. Ils luttent, glacés, fébriles... On a remis la porte. On l'a consolidée avec d'énormes pierres. Des clous sont enfoncés et le bruit des marteaux se perd dans la tempête... Et le vent hurle... hurle...

Dans la baraque de bois, sur les lits de corde, sous les couvertures et les capotes étalées, des êtres sont immobiles... Peaux noires pour la plupart qui se perdent dans l'ombre... Deux lanternes, maigres et misérables, se balancent dans le vide promenant leur pâle lumière. Aucune chaleur ne s'en dégage... Au beau milieu de la salle deux drapeaux tricolores s'immobilisent...

Personne ne parle..

Personne ne dort...

Chacun écoute...

Le vent continue à ronronner, à passer en grandes ondulations, pour mieux pénétrer les choses...

Deux ombres ont surgi... Deux ombres noires, coiffées l'une d'un bonnet rouge, l'autre d'un bonnet blanc. Deux ombres qui font face au levant. Elles ne voient plus rien de ce qui les entoure, n'accordent nulle attention au vent qui hurle... hurle...

D'un même mouvement souple, elles se sont agenouillées avec une attitude d'idole...

Les fronts touchent maintenant la terre... Elles se redressent encore, et on entend les longues litanies prononcées en cadence, les mots qu'elles dissèquent religieusement, avec une foi raisonnée, inébranlable, dégagée de tout respect humain.

Oh ! le vent... Cette fois encore, ce fut lui qui eut le dessus. Toute la baraque a craqué, furieuse...

Les litanies continuent lentement psalmodiées en une langue harmonieuse, aux consonances étranges... Les marabouts prient leur Dieu : « Il n'y a qu'un seul Dieu qui est Dieu, et Mahomet est son Prophète... »

Des hommes grelottent de fièvre... Il fait froid... La nuit est noire. Le vent continue sa macabre folie, sa danse échevelée...

Dehors, les silhouettes luttent... les nuages fuient éperdus, des sirènes gémissent, inlassables, têtues et suppliantes...

Il faut faire silence autour de soi, écouter les souvenirs tristes qui encombrent ce soir les moindres recoins du cœur !...

Dans la pièce à côté, un homme a crié,

appelé... Le vent fait vaciller la bougie qui l'éclaire... La flamme, minuscule, désorientée, ne sait plus où donner de la tête. Elle se jette de droite à gauche, se redresse, puis repart de plus belle... Des fils de fer grincent et on entend encore le vent qui arrive à grandes enjambées, forçant les obstacles...

CINQUIÈME PARTIE

I

Moudros, décembre 1915.

Par un beau soir d'hiver, par une nuit très douce, on s'en va là-bas, on suit le chemin qui glisse entre deux collines, et qu'un ravin côtoie en charriant une eau lente et pleine de rêves. Sur ce chemin, chaque bruissement, chaque heurt, chaque pas se prolonge, résonne lentement... Et il y a tant d'ombres qu'on n'en voit jamais la fin. Alors, beaucoup hésitent à le suivre, et c'est pourquoi, je crois, on l'a à soi tout seul, ce chemin que l'on aime, que l'on aime pour son silence et pour sa solitude !

Avec la nuit, les pierres qui se sont arrachées des collines et qui alentour se bousculent, se hérissent, s'arc-boutent, se soulèvent et s'allongent, ces pierres-là s'habillent de fantastique. La nuit les grandit démesurément, et les ombres qui s'entassent les parent de mystère, d'attirance. Et puis, lorsqu'un beau rayon de lune descend jusqu'à elles, on les voit une à une s'animer. Elles écoutent l'eau souterraine qui chante à leurs pieds, pour elles seules, la mélopée éternelle et troublante, la douce mélodie des tranquilles soirs.

D'instinct on s'arrête, et dans le grand silence des nuits, on entend une à une les notes grêles ou graves qui s'en viennent de dessous les pierres et qui disent à l'oreille les merveilleuses chansons du cœur.

Écoutez ces minuscules cascades ! ce bruit

mince et immense, grave et mélodieux qui emplit l'atmosphère !... Écoutez ce cloc-cloc, cette perpétuelle résonance des eaux qui se rejoignent ! Écoutez l'autre bruit, le bruit des plus petits échos qui s'amplifie !...

Quelquefois, les sabots légers d'un âne dérangent les pierres du chemin... Il arrive tout emmitouflé de bruyères sauvages, et à peine distingue-t-on sa tête câline et endormie... Kalispera! a dit son conducteur immobile, d'une voix chantante et mélodieuse, en appuyant longuement sur l'avant-dernière syllabe. Kalispera se renouvelle, s'entend à mesure que d'autres ânons défilent, et Kalispera prend dans la nuit le charme d'un grand rêve qui passe.

Et puis, d'autres fois, ce sont les corneilles qui, entassées, réunies, crient je ne sais quelle litanie, et les gosiers retenus et assourdis dans la nuit parlent un langage inconnu.

Elles disent, se racontent sans doute, les légendes ailées de leurs désirs d'un jour! Elles disent, elles redisent, elles redisent toujours!...

Puis, c'est la nuit encore. Le silence et l'eau qui fait cloug-cloug et qui, baissant d'un octave, accompagne le chant léger d'une note plus grave... cloug-cloug... cloug... cloug... Et ce sont de grosses pierres qui dissimulent la source!...

Et puis, plus haut, c'est le troupeau qui s'égrène au flanc de la colline, les lentes clochettes qui alternent avec le silence, qui se perdent, qui reviennent et qui se taisent à nouveau pour reprendre plus lointaines et plus proches... Les clochettes pensives... drong... drong... drong... Les clochettes hésitantes... dring... et qui s'arrêtent, puis dring... dring... se décident. Les clochettes qui se cahotent et se heurtent et sonnent en une seule fois drong... cloug... dring... Les clochettes fines, aimantes et isolées, pleines d'un chant très doux, cling... cling... cling..., disent-elles en accentuant la note finale... Le grand troupeau de blancs moutons aux longs lainages soyeux se meut selon son rêve, au hasard, dans la nuit, dans la nuit qui s'en va...

Un rire glacial ou une plainte déchirante traverse les ténèbres : la chouette rit ou pleure d'être un oiseau nocturne...

Et à nouveau, la grande paix des soirs descend... Et à nouveau, la lente clochette aimante et seule redit son chant... cling... cling... cling... C'est le rêve qui revient... C'est le rêve d'un soir... C'est le rêve d'une nuit...

II

Moudros, décembre 1915.

Aujourd'hui a eu lieu l'enterrement du médecin-chef de l'hôpital des convalescents, celui qui est tout à côté du nôtre. Le docteur A... est venu mourir de typhoïde à notre hôpital. Encore un qui avait fait brillamment son devoir là-bas, dans la presqu'île! Il était sur la brèche depuis le début de la campagne. Et puis, à cause d'une fatigue subite, depuis deux mois, il avait pris du service à Moudros. C'était un homme grand et fort, solide comme pas un... Et c'est encore cette damnée fièvre qui a parlé. Il a été très mal, puis mieux. On l'avait cru sauvé — une rechute l'a achevé...

III

Moudros, décembre 1915.

L'autre après-midi il soufflait un vent de sud-ouest qui vous jetait en plein dans le regard les couleurs qui flottaient aux cornes d'artimon des navires en rade. Les nôtres, mon Dieu, comme elles se déployaient. Il n'y avait pas moyen de s'y tromper. Les bleus, les blancs et les rouges, çà vous cinglait les yeux. Nous n'étions pas peu fiers, et aussi, nous n'étions pas un peu émus. Car nos couleurs, elles étaient les plus belles à coup sûr. C'est vrai qu'elles savaient s'imposer... Ah!

ce bleu, ce blanc et ce rouge, comme cela vous tenait au cœur... Et je vous assure — il faut les voir dans un cadre aussi pur pour savoir ce qu'elles peuvent vous suggérer... Non... voyez-vous, on a une âme de gosse et une énergie de reître devant cet emblème-là...

Et puis encore, on songe malgré soi à tout le sang versé, à tous les sacrifices... Et l'on se dit encore que, pour se balancer si fièrement, nos couleurs, c'est à ces sacrifices-là qu'elles le doivent... Alors, en adorant ses couleurs, on adore ses morts, on leur rend le juste hommage.

Oui, dans la grande rade, dans ce grand cirque de montagnes aux lignes harmonieuses et souples, dans tout ce mauve de crépuscule, nos couleurs tranchaient comme dans le vif... Et on pouvait regarder plus haut...

Dans une longue bouffée d'air, nous avons entendu les coups secs des revolvers que l'on décharge à blanc, puis la voix vibrante des clairons qui sonnaient comme chaque soir... Des bribes de *Marseillaise* qui se promenaient sur l'eau parvenaient jusqu'à nous et lentement, avec religion, on a vu nos couleurs qui abandonnaient la corne d'artimon...

On rentrait les couleurs... Les étamines glissaient... Personne ne bougeait... On écoutait et on regardait... Puis chacun s'en retourna avec les trois couleurs dans les yeux...

IV

Moudros, décembre 1915.

Hier, j'ai eu la visite de l'amiral C..., l'amiral anglais qui commande la base navale anglaise de Moudros et qui est gouverneur de l'île! C'est un vieil ami du temps où j'étais petite... On m'a raconté aussi avec force détails le raid d'un des nombreux sous-marins britanniques qui pénétrèrent dans la mer de Marmara. Et je les ai notés pour mieux m'en rappeler et aussi pour mieux les raconter à mes malades...

Il s'agit donc ici, écoutez-bien... du sous-marin E-*11*, parti le 19 mai des détroits. C'est difficile à raconter, mais j'essaierai quand même... Commençons. A peine en vue des détroits, il était à peu près 2 heures 45, que le sous-marin fait route dessus. Le temps était beau, le ciel très bleu... Mais cela n'importait pas beaucoup, n'est-ce pas?... Car il a fallu plonger tout de suite par le travers d'Achi-Baba. Ils ont plongé à 25 mètres pour glisser sous les mines, trois heures après ils contournaient Kilid-Bahr, après avoir touché le fond qui n'était plus qu'à 16 mètres. Ils continuaient tranquillement leur route — tranquillement est peut-être excessif, car l'attention déployée dépasse tout ce que l'on peut imaginer — quand le périscope est repéré par un bâtiment et des destroyers ennemis... Alors, doublant de vitesse, ils sont partis à toute allure vers le nord... Ils ne s'arrêtent pas, ils continuent leur route, ils doublent Nagara à une profondeur de 25 mètres et ils passent à Gallipoli sept heures après leur départ. Un peu plus de sept heures avaient suffi pour les amener là... Mais ils rentrent toujours en plongée, ils ne remontent pas, ils continuent et trois heures après, pour se reposer, ils s'étendent sur le fond près de la côte nord...

Enfin, à 21 heures, c'est-à-dire après dix-neuf heures de plongée, ils remontent à la surface... Gare... la chasse va commencer... Mais à peine sont-ils dehors qu'ils doivent replonger deux fois de suite, des destroyers ennemis les ont aperçus... Cela ne les empêche pas de faire les signaux réglementaires à leur amiral pour lui dire la réussite de l'entreprise... Peine perdue... L'amiral ne répond pas et pour cause. Un fil d'antenne était brisé...

Alors, tous les jours, en plongée ou en surface, ils continuent leur mission. La mer de Marmara leur appartient. Ils vont, viennent. Ils émergent, ils plongent... Le 23 mai, ils ont la bonne fortune d'apercevoir une canonnière allemande devant Constantinople... Grande joie, on se met en position et par le tube de babord, on la torpille et on la coule... La torpille l'a atteinte à tribord juste au milieu... Mais la canonnière ne se tient pas pour battue ; pendant qu'elle coule, elle a aperçu le périscope sur lequel elle ouvre le feu. La première salve l'atteint... Ils ont dû alors faire route dans le nord vers l'île... Après avoir émergé, on a réparé le périscope pour qu'il puisse recevoir une fête neuve...

Mais ils ne sont pas toujours sous l'eau ; lorsque le temps et l'ennemi le permettent, on peut songer aussi un peu à soi. Aussi l'équipage se baigne quelquefois, pas aussi souvent qu'on le voudrait.

Le 24 mai, oui c'est bien cela, ils faisaient route au N.-E., lorsqu'ils ont aperçu un petit vapeur qui s'en allait, lui, dans l'ouest. Ils l'ont d'abord reconnu avec le périscope, puis, émergeant par son travers, le commandant de notre sous-marin a donné l'ordre au vapeur de stopper... Aucun résultat... Il continue à marcher; alors, pour l'obliger à s'arrêter, ils ont dû faire tirer une salve de coups de fusils sur la passerelle. Et on a ordonné à l'équipage de quitter le navire... Oh! l'équipage le fit avec une terrible précipitation... Presque toutes les embarcations dans cet affolement chavirèrent. Mais heureusement qu'il en restait encore, ce qui permit de ramasser les hommes qui nageaient...

Mais le plus curieux fut l'apparition sur le pont d'un gentleman américain... Très correctement il avertit le commandant qu'il était Mr. S.-S. du *C. S.* et qu'il était ravi de faire la connaissance.

Il était loquace et si charmé de les voir qu'il leur apprit que ce vapeur transportait à Chanak des soldats de marine turcs et qu'il était à peu près certain que des provisions se trouvaient sur le bateau... Immédiatement on accosta le vapeur, et un de nos officiers monta avec une équipe de démolition.

On trouva tout de suite un canon de 150 amarré sur le panneau avant et dans la cale avant un gros affût de 150 et plusieurs affûts de petits canons de 12 livres...

Tant qu'à la cale arrière, elle était pleine de projectiles de 150 sur lesquels reposaient environ 50 grosses caisses à cartouches marquées Krupp...

Un pétard de démolition fut immédiatement placé dans la cale A. B. au milieu des caisses à cartouches... Dois-je vous dire que cela fit une énorme explosion. Colonne de flammes et de fumées, puis le navire coula... A ce moment-là, ils aperçurent une fumée dans l'est... Immédiatement, ils s'élancèrent en plongée pour attaquer. Mais le navire qui s'était aperçu de leur manœuvre changea de direction... Alors, à leur tour, ils ont immergé et l'ont poursuivi en surface... C'était un ravitailleur... Ils ont lancé leurs torpilles par bâbord, le navire a été frappé juste au centre ; immédiatement l'incendie se déclara...

Ils aperçurent le lendemain un transport qu'ils coulèrent encore.

Deux jours après, ils plongèrent sans être aperçus devant Constantinople. Oui... devant Constantinople. Un autre grand transport était accosté dans l'arsenal. Immédiatement ils lancent par bâbord avant une torpille...

Celle-ci ne se met pas en marche... Ils en lancent une seconde par le tribord avant... Ils voient enfin la trajectoire qui pique droit sur le grand bâtiment... Mais à ce moment, ils ne peuvent pas se rendre compte s'ils ont atteint leur but, car le sous-marin est drossé à terre par le courant...

Pour arrêter la remontée, ils durent faire en arrière à toute vitesse en remplissant les caisses intérieures. Leur cap se déplaçait du sud-sud-est à l'ouest et par l'est et le nord. Le commandant a conclu qu'ils étaient échoués sur un banc, sous la tour de Léandre, et que le courant leur faisait éviter... Ayant ensuite le cap au sud, ils prirent en avant et le navire passa doucement dans le fond en s'enfonçant à 25 mètres... Ils ont encore touché plusieurs fois à cette profondeur, puis ils décollèrent du fond, et, après être revenus en surface, vingt minutes après, ils s'aperçurent que l'entrée était franchie...

Le 26 mai, ils s'offraient une journée de repos au centre de la mer de Marmara...

Et chaque jour, ils continuèrent leur chasse, coulant transports et ravitailleurs... Mais la vie à bord du sous-marin était en réalité pénible, l'air devenait irrespirable, en raison de la grande quantité de linge sale, et l'eau douce devenait si rare que l'on devait limiter la fréquence des lavages corporels... Aussi passait-on quelquefois la journée au beau milieu de la mer de Marmara « pour faire une bonne propreté du navire et des hommes »...

Le temps continuait à être magnifique en cette fin de mai. La lune resplendissait, ce qui les empêcha plus d'une fois de poursuivre leur chasse.

Ils continuèrent cette existence, en un perpétuel qui-vive, jusqu'au 7 juin, où ils effectuèrent leur sortie... Ils durent plonger à 27 mètres par Gallipoli, mais aussitôt après avoir doublé Kilid-Bahr, l'équilibre du bateau ne fut plus le même. Il devenait anormal, ce qui nécessita une augmentation de huit tonnes d'eau pour descendre à 28 mètres.

Deux heures après, on entendait un bruit comme s'ils touchaient... Sachant que ce n'était pas possible, par le fond où ils étaient, ils remontèrent à 6 mètres pour voir ce que cela voulait dire... C'était une superbe grosse mine, qui était à peu près à 6 mètres du périscope et sans doute était-elle suspendue par son crin sur la barre de plongée bâbord... Ils la traînaient à la remorque...

Ils ne songèrent pas à se dégager, c'était impossible à cause des batteries à terre, ils continuèrent donc à faire route dans le détroit à une profondeur de 9 mètres.

Une heure plus tard, ils remontèrent à

6 mètres, au delà de Koum-Kaleh... Là, ils décidèrent qu'il fallait abandonner la mine. Ils firent machine en arrière à toute vitesse après avoir vidé le ballast arrière pour laisser enfoncer l'avant et amener l'arrière en surface. La vitesse en arrière et le courant avaient fait dégager la mine de leur avant... Tout était sauvé...

C'est très simple, n'est-ce pas...

V

Moudros, 24 décembre 1915.

Ah! maître Jean, vous ne saviez pas qu'un jour vous passeriez à la postérité, et quelle postérité! Non, à coup sûr, vous ne vous en doutiez pas... Pourtant je vous l'avais promis et plus de vingt fois encore... Oh! si vous me lisiez, comme vous vous démèneriez; mais je vous jure, maître Jean, que la vérité seule sortira de ma bouche...

Pourquoi vous cacher, maître Jean, pourquoi fuir... Je vous assure que votre exemple serait salutaire... Et je ne vois pas pourquoi, parce que ce soir il me plaît de vous taquiner un peu, qu'il vous en faille prendre ombrage...

Nous savons tous, maître Jean, que lorsqu'il s'agit de remplir votre apostolat, vous dameriez le pion à n'importe quel prélat. Mais c'est justement à cause de cela que je veux vous présenter à tous ceux qui ne vous connaissent pas!!!

Maître Jean est curé de X., sise dans les Basses-Alpes. Il est petit, rondelet, la figure joufflue, brun comme tout bon Marseillais et gai comme un vrai Méridional.

Ah! pécaïre... quand il joue aux boules, il faut voir l'attention qu'il y déploie... Il s'agite, se penche, prend son élan et v'lan, cherche à atteindre le but... Ne lui demandez pas où il en est... Il vous répondra convaincu :

— C'est une partie sanglante...

Ah! oui, maître Jean, à l'heure du repos, c'est au jeu de boules que l'on vous trouve. Là, avec quelques dizaines de vos compatriotes, vous recommencez chaque jour la partie de la veille...

Mais ce n'est pas tout, hélas! Rappelez-vous? Oui, rappelez-vous? l'autre après-midi ?... Mais oui, lorsque ce dirigeable anglais a évolué au-dessus de la rade, rappelez-vous ce cri qui vous est parti du cœur... Vous aviez mis ce jour-là votre plus bel accent... Non, je dirai seulement vos paroles augustes... votre exclamation :

— Je me demande tout de même comment ils font pour vivre dans cette grande boîte...

Et les mains dans les poches, le nez en l'air, vous regardiez non la nacelle, mais le grand cigare d'acier... Après, vous vous êtes excusé... Vous nous avez expliqué qu'à R., dans cette petite commune où vous assumiez la lourde responsabilité d'un curé de campagne, « on ne connaissait pas ces animaux-là ».

Et puis encore, rappelez-vous... L'autre jour, quand un de ces aéroplanes qui habitent Ténédos est venu nous rendre visite, rappelez-vous, le nez toujours en l'air et les mains dans les poches, ce que vous avez dit :

— Mon cher... ce qu'ils pédalent...

Oui, maître Jean, nous connaissons tant d'autres histoires de ce genre. Je ne raconterai pas celle qu'un de vos collègues m'a dite, parce que, l'autre jour, je vous ai vu tout rouge...

Je me contenterai de celle-là... Tout le monde sait votre caractère... On ne vous a jamais vu en colère... c'est donc à vous qu'il faut vous en prendre. Vous vous rappelez... l'autre fois, il faut toujours vous rappeler...

Mais oui, lorsque, en veine de taquinerie, j'ai demandé à un de vos confrères :

— Croyez-vous que maître Jean aurait pu faire un jésuite?...

— Maître Jean? autant demander à un boucher de devenir un artiste...

Oh! maître Jean... comme... vous avez dit très vite :

— Nous autres, dans notre pays, quand un prêtre tourne mal, on dit qu'il s'est fait jésuite...

J'ai vu alors que j'avais gaffé et j'ai tâché de me rattraper... Je vous ai donc demandé d'aller auprès d'un malade, maître Jean, et vous n'avez plus dit mot... Vous êtes parti...

Enfin, maître Jean, il faut en convenir, vous êtes légèrement, oh! très légèrement, mais vous êtes gourmand... C'est vrai qu'à Moudros on peut le devenir... Mais... Mais vous parlez, avec une voix tout attendrie, des pâtés, des vins, des lapins et des lièvres, voire même, ce qui est plus grave, des dindes truffées que vous offrent vos paroissiens. Vous m'avez même promis de me convier un jour à ces festins.

C'est vrai aussi que vous avez ajouté que pour mériter cela... vous vous souveniez de votre rôle de prêtre, et que, chaque matin, la messe terminée, vous vous en alliez à travers champs retrouver ceux qui étaient les plus pauvres et qui n'avaient pas de quoi se payer un valet de ferme... Vous le remplaciez, c'était bien...

Mais enfin, vous êtes gourmand... Ne vous défendez pas, vous l'êtes, car en outre du surnom poétique que l'on vous a donné, le père la Joie, on a ajouté — et ce sont vos malades, on a ajouté celui de « père Tod!!! ». Mais oui, vous goûtez au tod de vos malades, je ne dis pas que vous preniez leur part. Dieu m'en garde, mais vous vous arrangez avec le garçon de pharmacie pour qu'il ne soit pas trop parcimonieux... C'est un péché, un grave... un grand péché!...

Vos malades vous adorent, j'en conviens, ils sont tout prêts à se faire hacher pour vous, et de vous voir les fait sourire, mais... mais... vous êtes gourmand...

Ainsi, sans aller bien loin, réfléchissez à ce menu que vous vous êtes amusé à confectionner... Les mots vous caressaient le palais et c'est pourquoi vous les avez choisis ainsi... sinon... car, comme mets, ce fut plutôt maigre... Écoutez l'annonce des plats... Regardez surtout les lettres qui composent le mot Menu... Elles sont trop grandes, cela seul suffit pour vous condamner... Enfin, nous disons... Menu... et puis Entrée... sardines... saucisson... beurre... C'est trop... Continuons : Entremets, pâté (la Savoureuse), plat de résistance, jambon fumé, asperges Moudros... asperges Moudros... Et remarquez quelle place vous avez donnée à vos entremets... Je continue : Desserts, en immenses lettres... amandes, biscuits fins, miel des Alpes, nougat du Var, plumcake, crème de marrons de l'Ardèche. Vins... Bordeaux, Graves, rhum... cigares... Voilà un dîner de guerre...

Maître Jean, je vous l'ai dit l'autre jour que si je pouvais vous envoyer vous confesser au Père X., j'en éprouverais une grande joie... Vous m'avez répondu :

— Oh ! c'est moi qui le confesse... et je lui en dis, je vous assure...

J'ai eu tout de suite un grand respect pour vous et j'ai pris ma voix la plus douce pour vous suggérer :

— J'espère que vous êtes sévère...

Vous m'avez répondu encore :

— J'essaie... j'essaie... mais que voulez-vous, il est sincère... Je le lui dis bien qu'il est quelquefois embêtant...

Ah! maître Jean, c'est un mot qui sonne mal... changeons, si vous le voulez bien, de conversation...

Eh bien... après tout ce discours, je vais vous dire, moi, ce que je pense de vous... Ne vous fâchez pas... et ne rougissez pas non plus... Eh bien... je vous dis, merci... Mais oui, merci... car vous avez été diablement dévoué à vos malades, vous avez su mieux que personne les soigner... Vous ne leur parliez jamais de religion, et, croyants ou incroyants, vous les englobiez tous dans une même sympathie... Eh bien, maître Jean, cela vaut la peine d'être su... Dans la vie, voyez-vous, il faut savoir être tolérant, il faut savoir respecter les convictions d'autrui, il faut savoir respecter toutes les libertés, et c'est encore le moyen de mieux faire aimer votre religion... N'oubliez pas qu'un libre penseur peut être le plus honnête homme du monde et que pour avoir une conscience il ne suffit pas d'une croyance... Dieu appartient à tout le monde...

D'ailleurs, vous savez tout cela et nous en avons parlé ensemble...

Rappelez-vous, maître Jean, l'autre soir, il était 7 heures lorsque je vous ai fait appeler... C'était la veille de Noël. J'avais vu tous mes malades... Dans mon petit bureau où le vent pénètre, entre les deux obus de 77 que l'on m'avait rapportés de Gallipoli, une moitié de bougie brûlait dans une fusée d'obus... Vous êtes venu... Et je vous ai dit : « Maître Jean... Je veux me confesser... » Mais oui, ce soir-là, je crois que je me serais confessée à la terre entière ; c'est si bon de dire la vérité et de ne rien cacher.

Vous m'avez répondu : « Alors, il s'agit d'être sérieux »... Et pendant que vous vous perdiez dans une prière, moi, assise sur ma table, car on m'avait pris ma chaise, vous debout, je vous ai dit ce que je croyais devoir vous dire... Ça n'a pas été long... Vous m'avez adressé quelques mots qui tenaient autant de l'ami que du prêtre... Et puis, l'absolution est venue... Et nous avons parlé ensuite d'un malade qui nous inquiétait...

Maître Jean, ce soir-là, j'ai connu en moi une paix immense, un immense bien-être... Et quand je me suis retrouvée dehors, en plein air, avec toutes mes étoiles qui semblaient me faire fête et qui brillaient, qui glissaient, maître Jean, ce soir-là encore, j'ai remercié Dieu...

VI

Moudros, 25 décembre 1915.

Une nuit calme et pure. Une nuit tellement constellée d'étoiles, qu'il semblait qu'elles s'eussent donné quelque rendez-vous mystique... Une nuit, où de l'apaisement glissait des cieux, où les planètes grandissaient dans leur hiératique beauté, où tout devenait immuable. Une nuit lumineuse de clarté et de recueillement, une nuit où chaque chose parlait au cœur d'immense paix et d'infini pardon!...

Ce soir, l'âme s'est repliée sur elle-même,

en communion étroite. Elle est paisible et sereine, elle écoute et elle vibre d'amour. Il n'y a nulle rancœur, nuls regrets, seulement une grande paix ! Elle est émue et frisonnante, car ce soir, c'est la nuit solennelle, la nuit où Dieu se rapproche des êtres... La nuit où l'on descend au tréfond des vanités humaines, où toute vanité disparaît ! La nuit où l'on aime d'amour sanctifié le Dieu d'amour ! La nuit où l'on pardonne pour mieux aimer !

La nuit qui éclate d'amour, qui parle d'amour, la nuit qui appelle et qui célèbre le Créateur, ce Dieu d'amour et de vérité que l'on retrouve dans l'immensité des cieux ! Le Dieu qui dit : « Aime et pardonne... Aime !... »

Oh ! cette nuit divine ! cette atmosphère divine ! Oh ! cette douceur qui glisse en vous ! Ce grand repos ! Cette détente et ce désir d'amour grandissant comme une suprême volonté ! Aime et pardonne ! Aime et comprends ! Aime !... Oh ! cette paix de l'âme qui grandit l'âme et qui diminue le corps jusqu'à l'incliner sur la terre pour écouter mieux, se recueillir mieux !

Oh ! Dieu, ce soir, nous nous agenouillons devant toi l'âme pure dégagée de tous liens, et nous écouterons tes suprêmes lois d'amour !... Nous aimerons d'amour infini ton sacrifice d'amour !...

Oh ! Christ ! Dieu de lumière...

. . . .

C'est sous ce ciel d'Orient, dans ce cadre immense où l'œil se perd, où tout chante à l'unisson de notre cœur, qu'a éclaté le « Minuit chrétien » et les cantiques naïfs des Noëls villageois !... Ce sont des voix d'hommes, rien que des voix d'hommes, des centaines d'hommes qui chantent têtes nues, debout et respectueux... Les soldats chantent graves et recueillis, et dans les yeux lointains passe le souvenir d'autres Noëls... On n'est plus seul, puisque l'on chante, et tous ces chants-là ramènent au toit familial, au sol qui nous tient par toutes les fibres. On a beau avoir sous les yeux les feux silencieux des camps voisins, les innombrables lumières des navires, ancrés, les longues silhouettes souples des montagnes environnantes, l'âme court, vole au-dessus des mers et retrouve en quelque coin perdu, au fond des Cévennes ou dans les landes bretonnes, ou encore plus loin, dans quelque chaumière du nord, un Noël très vivant...

Ce soir, c'est encore la nuit de guerre, c'est le sacrifice consenti, accompli et c'est l'humble hommage, le souvenir à tous ceux qui dorment pour notre paix à nous ! Tous ceux dont les âmes sillonnent les nues et qui demandent le respect de la cause pour laquelle ils se sont sacrifiés !

VII

Moudros, 25 décembre 1915.

Notre arbre de Noël a été un vrai succès. On avait battu toute l'île pour trouver de quoi composer cet arbre... Avec toutes sortes de branchages, on était arrivé à le confectionner, et malgré qu'il fût de trois essences différentes, il avait encore assez bonne mine. On fit des nœuds de papier bleu, blanc et rouge que l'on piqua un peu partout. Il était ainsi tout habillé, sans compter les oranges et les lots qui l'ornaient. Haut sur pattes, on le voyait de loin.

Chaque malade reçut un paquet contenant quelques souvenirs, et chacun eut aussi une belle orange d'or et une grosse mandarine. Ce n'était pas beaucoup, mais c'était toujours ça, une pensée, une façon d'un peu se rappeler la famille... Un chanteur de complaisance entonna la *Mârseillaise*, après qu'un des soldats nous eût lu une trop touchante adresse. On reprit tous en chœur le chant national et l'amiral Jaurès arriva sur ces entrefaites... Cela donna plus de cœur aux chanteurs... Il salua longuement, l'amiral, et son œil était humide. Il salua l'hymne et les hommes. Puis il alla à chacune de nous et nous remercia, de quoi?... Mon Dieu... Cet amiral-là était rudement populaire, parce qu'on le savait très fort et puis aussi parce qu'en dehors du service, il s'attachait à effacer toute distance entre lui et ses subordonnés. Ce n'était plus l'amiral, mais l'ami...

Notre arbre eut donc son succès, un vrai...
Puis ce fut le tour des grands malades qui reçurent aussi chacun un souvenir... Et encore le chanteur suivait dans les salles pour dire avec une chansonnette, notre *Marseillaise!* Ce fut une bonne journée...

SIXIÈME PARTIE

I

Moudros, 1ᵉʳ janvier 1915.

Voilà... Hier soir... les douze coups de minuit furent sonnés par douze magnifiques appels provenant des sirènes de la rade... Tous les bateaux s'étaient donné le mot, et avec un ensemble surprenant, tous avaient hurlé dans la nuit douze fois, douze cris... douze cris immenses... Ce ne fut pas lugubre, ce fut très grand. C'était comme un rappel au ciel, ou encore comme un acte de suzeraineté... N'avions-nous pas l'audace de croire que c'était nous qui réglions le temps...

La nuit était grave, solennelle. Elle n'avait point de lune et les étoiles brillaient, très sages. C'était une année nouvelle... Formuler des vœux ? On osa à peine... Des chants montaient des camps voisins, des cantiques que les soldats anglais entonnaient pour fêter le New Year's day...

Nous autres, dans notre camp, nous écoutions, muets. Au milieu de cette ceinture de monts, les sirènes avaient repris leurs chants et elles montaient haut, toujours plus haut vers les cieux... La mer retenait quelquefois le sillage d'une fusée... Puis, tout ayant une fin, les chants cessèrent, les sirènes se turent, le silence reprit... et chacun songea alors que nous étions bien le 1ᵉʳ janvier 1916...

. . . .

Nous avons eu une douce surprise, une jolie surprise. Une dizaine de marins de la *République* se sont amenés sans crier gare. Ils avaient sous les bras, dans des étuis bien propres, mandolines et guitares... Ils s'en venaient nous donner une aubade pour nous remercier d'être venus si loin soigner leurs camarades...

On les a fait entrer dans cette pièce qui nous sert tout à la fois et de salon et de salle à manger... Justement, sur la table, une pile d'oranges restait, avec, juchés bien en évidence au beau milieu d'elles, de minuscules drapeaux alliés, faits de soie très brillante...

Nous les avons installés autour de la grande table... Et je vous assure que ce fut un coup d'œil charmant. Les mains et les figures soigneusement frictionnés reluisaient comme il convient. Les cols bleus bien empesés encadraient les faces imberbes et égayaient le groupe... Avec une gaucherie de gosse et des gestes de gosse, nos marins étalèrent leur musique, puis après un rapide coup d'œil vers le chef de bande, un coup d'œil plein d'angoisse et de timidité, ils commencèrent, ma foi, à nous charmer pour de bon.

Ce fut simple, ce fut joli... En ce premier de l'an, dans notre baraque de bois, si loin de la terre de France, on se sentait quand même en famille... On était ému et on était heureux... Ils ont joué longtemps, avec des yeux si pleinement ravis de notre approbation. Nous leur servîmes à goûter... Et ces grands diables de marins redevenus des enfants recevaient avec des mains toutes tremblantes les morceaux des gâteaux que nous leur offrions. . Nous ne savions plus, nous, si nous devions les remercier pour l'aubade ou pour la douce émotion qu'il nous avait causée. C'était tellement touchant cette idée de s'en venir ainsi nous dire à leur manière leur pensée à eux... Nous avons levé nos verres en l'honneur de la France et nous bûmes aussi à nos santés mutuelles. Puis, juste au moment de partir, un d'entre eux se redressa... Il nous a récité, d'une voix hésitante et diminuée, ce fameux couplet de Mayol qui parle des Dames de France...

II

Moudros, janvier 1916.

Nous avons reçu un arbre de Noël... C'est le *Gaulois* qui nous l'envoie... Il s'en vient en ligne directe de France... Il arrive tard, mais quelle joie quand même... On avait fait cercle autour de la grande caisse, puis, avec des soins tout maternels, on l'en a retiré et on a enlevé un à un les liens innombrables qui le retenaient pour mieux le préserver...

Il s'est détendu avec ivresse sous notre vent du nord... Les aiguilles étaient toutes fraîches... Et notre sapin se redressait, renaissait à la vie...

On lui a fait fête à cet arbre qui venait de France. Pensez donc, dans notre île, c'était le seul de son espèce... C'était un jeune et beau sapin du pays des Vosges, avec dans ses racines un peu de la terre natale... On l'a caressé, on l'a respiré, on l'a regardé avec respect... On lui a fait une belle place, bien en vue, et de solides artilleurs ont creusé le trou qu'il allait habiter. Une ceinture de pierres l'entoure, des pierres que l'on a recouvertes de chaux blanche... Du haut de la colline notre sapin crève les yeux... Et tous ceux qui s'en viennent à notre hôpital ont un regard pour lui...

Les hommes veillent à sa santé et les jours de grand vent, un abri le protège... On s'installe aussi tout autour de lui pour bavarder. Le « Square d'Alsace » est des mieux cotés.

Voyez-vous, on a des joies d'enfants dans ces pays lointains.. On a des âmes de gosse...

Cet arbre de France met une note douce...

Et d'ailleurs, la moindre végétation ramène un peu de vie... Et je me rappelle encore au mois d'août dernier... Je me souviens de ce pseudo-jardin que nos malades avaient dessiné... Un figuier de barbarie avec une autre plante ramassée on ne sait où et dont les feuilles pendaient lamentables, flétries jusqu'au bout, étaient les seuls ornements de ce rond-point... Les hommes économisaient leur eau pour lui donner à boire. Et puis on avait mis tout alentour des ventilateurs pour aider le vent... Il faisait si chaud... Les plantes auraient ainsi plus frais... Et les malades restaient ainsi des heures, assis sur des bancs qu'on avait confectionnés, face à leur jardin qu'ils regardaient toujours... C'était un peu de verdure... C'était, comme je vous le disais, un peu de vie...

III

Moudros, janvier 1916.

Je vais vous dire pourquoi, ce soir, tous les malades de notre hôpital, plus de quinze cents, ont eu une grande distribution d'oranges... Je gage que vous serez ému...

Vous savez, sur la colline d'en face, eh bien, depuis deux jours, un régiment campe là. Il arrive en ligne directe de Seddul-Bahr. Il a installé ses guitounes. Elles sont grimpées tout le long de la montagne et cela fait comme une vaste fourmilière... C'est joli d'ailleurs, toutes ces petites tentes qui ont l'air d'écraser la terre. On se demande, lorsqu'on les voit d'ici, comment on peut vivre dessous. Mais il paraît qu'il y a de la place et qu'on n'y est pas trop mal. Tous ces champignons-là, ça vous recouvre des hommes et quelquefois, dans la nuit, on aperçoit quelque brasier qui se glisse de dessous les toiles.

Hier nous avons été leur porter du tabac. On bourrait les pipes soi-même et c'était un vrai plaisir que de voir leur étonnement et leur joie... Pensez donc depuis combien de mois ils étaient là-bas, et voilà que des femmes de France, avec la robe blanche qu'ils vénèrent, venaient elles-mêmes leur souhaiter la bienvenue. C'est vrai aussi que la plus jeune d'entre nous mettait une grâce exquise à remplir de ses doigts très fins les vieilles pipes toutes culottées... On allait des uns aux autres, on distribuait tout ce que l'on avait. Entre temps, on causait et ils étaient tellement émus qu'ils bredouillaient un peu. Néanmoins, nous savions ce qu'ils avaient fait, car ce régiment de coloniaux était sur la brèche depuis plusieurs mois.

Mais ce qui fut le plus touchant, c'est ce que je vais vous raconter...

Vous savez qu'hier, c'était le jour des Rois. Une de nos compagnes avait eu la jolie idée de faire faire par le cuisinier de notre camp une grosse galette, une énorme galette. Et cette galette était si large qu'elle tenait difficilement dans le grand panier tout enrubanné de papiers tricolores où on l'avait posée avec délicatesse.

Ainsi escortées, nous nous en allâmes, trois d'entre nous, à la tombée de la nuit, vers le camp où des feux s'allumaient. Ce soir-là, il y avait une belle nuit, un ciel qui commençait à s'allumer, Vénus, la plus tôt prête, qui regardait d'un œil bienveillant.

Nous traversâmes la plaine toute nue et commençâmes à gravir la colline. Dans la journée, on s'était occupé des hommes, maintenant il fallait penser aux braves sous-officiers presque tous de carrière. On nous désigna la salle à manger où ils étaient en train de dîner. C'était une guitoune tout comme les autres, mais pour avoir plus de place, on avait creusé la terre en profondeur, si bien que la toile n'était plus qu'un toit. Une huitaine de marches y conduisait. Sans avertissement, nous descendîmes. La plus jeune tenant à deux mains la belle galette qui trônait toujours si magnifiquement au milieu des rubans tricolores. C'était simple et joli, cette robe blanche qui glissait sous terre...

La figure de nos hommes, à cette vision, fut curieuse, sans doute. Ils crurent certainement que c'était un peu un conte de fées...

Puis, petit à petit, ils comprirent... Eh bien, à la lueur de leur lanterne, pas un ne resta insensible. Il y avait de vraies larmes au fond de leurs prunelles... Des larmes d'hommes dans des yeux de gosses. Ils se levaient tous et devant les quelques mots de bienvenue et de douce fraternité qu'ils entendirent, ils restèrent quelque temps sans pouvoir répondre...

Ah ! ces soldats, quels enfants cela fait ! Et comme ils ont su remercier...

D'abord, ils voulaient tous parler à la fois, et puis comme ça ne marchait pas très bien, ils se sont retournés dans un ensemble parfait vers le chef, celui qui présidait à la popote...

Il nous a dit alors des choses douces et bonnes. Il ne cherchait pas à faire de phrases, seulement il voulait dire ce qu'il avait là dans le cœur, ce qu'ils avaient tous dans le cœur.

Et puis, il s'en fut chercher un beau quart où on avait gravé la silhouette du château d'Europe, et où on lisait le nom de Seddul-Bahr, et où encore un beau croissant avec une étoile rappelaient qu'on s'était battu contre les Turcs...

Il fallut boire à leur santé avec un vin de Samos qu'on avait retiré soigneusement de tout un paquetage. On but à la France d'abord et puis on but aussi à tous les héroïques soldats des Dardanelles... les morts comme les vivants... A tour de rôle, nous nous passâmes le beau quart et ma foi, jamais toast ne fut aussi simple, aussi sincère et aussi dépourvu d'artifices.

On avait l'âme un peu tordue. Mais pourtant comme ce fut bon de goûter à plein bord à cette vie saine et forte. Ces hommes-là nous regardaient avec des yeux si droits, si honnêtes. Jamais je n'avais senti comme ce soir-là la grande protection qui nous entourait. Des frères n'auraient pas pu être mieux. Quel respect ils savaient mettre dans leurs moindres gestes. Je vous assure qu'il vous aurait fallu voir ça...

Mais ce n'était pas fini, comme vous allez voir...

Quand nous eûmes bu chacune à notre tour, ils se jetèrent tous un même regard. Alors le chef tira de dessous sa capote une belle pièce de cent sous, la mit au fond du quart et passa celui-ci à son voisin. Ils firent ainsi des uns aux autres et, avant que nous eûmes compris, nous avions le quart entre nos mains. Il était trop petit pour contenir toutes les pièces blanches. Quelques-unes tombèrent: « Pour les malades de votre hôpital, mesdames, nous ne savions pas comment faire pour leur dire notre pensée, voulez-vous être nos interprètes... » Ils insistèrent : « Laissez donc, cela nous fait tant de plaisir. Si vous saviez la joie que vous nous avez causée, voyez-vous, maintenant, on se battrait de meilleur cœur encore... Pensez que vous nous avez donné beaucoup du reflet de cette famille que l'on a laissée là-bas. » Il insista. « Vous leur achèterez des oranges... » Ils étaient touchés jusqu'aux larmes, les braves garçons...

Et on sentait qu'ils disaient vrai... Dans leur logement souterrain, sur les bancs qu'ils avaient creusés à même la terre, il y avait de la solitude, et puis aussi, c'était encore, toujours la guerre... Tandis que... Ah ! oui, qu'ils étaient contents...

Maintenant que nous nous en revenions escortées de tous les souhaits qu'ils avaient formulés, on se sentait l'âme en paix. Il semblait que cette nuit-là c'était une nuit bienfaisante, une nuit que l'on ne retrouverait pas souvent, et pour l'avoir goûtée, il fallait savoir en remercier Dieu...

Dans le ciel, les étoiles étaient sorties sans mystère... Elles se couraient les unes après les autres, et on savait qu'à leur tour elles s'en iraient dire au divin ce qu'elles avaient vu ce soir-là... Et nous autres, nous nous sentions l'âme légère comme les jours où l'on est content des saintes minutes que Dieu a daigné vous accorder... Et les étoiles nous regardaient toujours, nous dévisageaient, et cela nous était comme une autre douceur...

IV

Moudros, janvier 1916.

Oh ! oui, nous fûmes émues quand nous avons su qu'on allait évacuer définitivement Seddul-Bahr, dans la nuit du 8 au 9. Depuis plusieurs jours, les troupes arrivaient de là-bas pleines d'entrain et de mordant, toutes prêtes à aller se battre. pourvu que ce ne fût pas dans cette diable de presqu'île... « On l'avait assez vue et, pour la poussière qu'on y mangeait, valait encore mieux aller ailleurs... Mais quand même, si on avait dû y rester, on se serait battu encore »... Ah! ces soldats de France, ils sont tous les mêmes. Bons, francs, simples, intelligents. Et toujours une pointe de malice, le mot pour rire qui sert quelquefois à dissimuler la poussée d'émotion qui fait battre le cœur plus fort... Ah! ce scepticisme français, comme on le connaît bien maintenant... Il n'y a pas meilleurs et plus honnêtes garçons que nos soldats... Et sachant tirer parti des moindres choses, s'accommodant de tout, grognant pour la forme et puis, demandez-leur un service... L'orgueil qu'ils ressentent en se sachant utiles... Et la douceur qu'ils éprouvent lorsqu'on leur montre qu'ils peuvent faire du bien, beaucoup de bien! Ah! ces grands gosses, quels braves enfants c'étaient!...

Mais oui, à force de vivre au milieu d'eux, à force de vivre de leur vie, on les connaît davantage, on les apprécie mieux...

Aussi, lorsque nous avons su que, chaque soir, on faisait partir quelques-uns des hommes qui étaient là-bas et que finalement une poignée seule en restait, et que cette poignée qui représentait pas mal de vies humaines allait être enlevée à son tour en une seule et dernière fois. Eh... bien... je ne le cache pas, nous avons eu froid, très froid au cœur... Il nous semblait qu'il y avait un poids trop lourd pour nous qui s'accrochait à nos épaules...

On disait que les Anglais resteraient les derniers pour soutenir le choc. On savait aussi que l'appontement anglais avait été détruit par un coup de mer et que seul l'appontement français était en état de servir... On disait encore, et c'était vrai d'ailleurs, que les Anglais avaient dû abattre plus de deux mille bêtes, tant chevaux que mulets, et qu'ils jetaient à la mer tout ce surplus dont ils s'étaient encombrés. Harnachements, automobiles, tout filait dans la grande bleue...

Nous autres, Français, on avait embarqué le plus gros ; restait l'artillerie, qui était toute prête à suivre le reste... On racontait tant d'histoires, vraies d'ailleurs pour la plupart... Tous ceux qui s'en revenaient de là-bas, et ils étaient nombreux, en avaient des anecdotes... On voyait les hommes défiler, des groupes de médecins qui venaient nous demander l'hospitalité, des exodes d'infirmiers... Jamais l'île n'avait été aussi peuplée...

On installait des camps un peu de tous côtés... On se retrouvait, on causait et chacun ravi de n'être plus dans cet affreux coin où il n'y avait rien à faire, chacun se détendait... On sentait comme une vague d'allégresse qui se préparait à monter...

Enfin le soir du 8 arriva... Brrrr... Quelle

appréhension ! Ce n'était pas que l'atmosphère fût fâchée, mais c'était au cœur que l'on sentait comme une coulée de glace...

La nuit était arrivée, une vraie nuit d'Orient, toute pleine d'étoiles. Le vent soufflait du sud, en douceur encore... Deux de mes compagnes et moi, nous armant de cannes et munies de lanternes, partirent sur le coup de dix heures, pour s'en aller grimper tout au sommet de la colline qui domine notre hôpital. Malgré la limpidité du ciel, la nuit était noire, car la lune encore toute neuve se couchait tôt ce soir-là... A mesure que nous montions, on la voyait descendre. Cet embryon de lune, ce grand croissant rouge, d'un rouge presque anormal, rouge feu, qui mettait dans la nuit comme une grande goutte de sang... Je ne sais pourquoi je lui trouvais sombre figure et trop de mystère alentour. Il piquait droit vers l'horizon entraînant avec lui des étoiles qui n'avaient pas l'air contentes...

Là-haut, d'autres étoiles se promenaient à l'aise malgré le vent qui commençait à haleter... Les robes blanches s'envolaient, nos capes battaient des ailes et, tout en luttant pour tenir l'équilibre, nous trébuchions entre les pierres...

Une des lanternes s'éteignit dans un grand souffle. Alors on se rapprocha pour mieux soutenir la lutte... Chaque pas menaçait d'entraîner le groupe ! On grimpait, on grimpait dans la nuit noire... Et notre escalade devenait un peu tragique à cause du grand silence qui nous oppressait. On maudissait le vent qui allait tout compromettre et on souffrait pour tous ceux qui étaient là-bas... Oh ! cette promenade la nuit, dans la nuit du 8 au 9... Les étoiles avaient beau nous faire douce mine, nous n'y faisions nulle attention. Le vent seul nous préoccupait... surtout qu'il soufflait du sud...

Une seconde lanterne s'éteignit pour avoir reçu trop de face une bouffée d'air. La mienne seule grelottait encore, sous l'impulsion de la marche. Elle se tut aussi, à la fin, tout comme les autres, si bien que nous nous trouvâmes au faîte de la montagne avec nos trois lanternes qui ne respiraient plus... Mais qu'importait ! L'œil sait s'habituer à toutes les ténèbres. Et puis, mon Dieu, les étoiles, là-haut, ça valait bien quelque chose... D'ailleurs, nous étions sur un plateau avec tout contre nous un mur de pierres...

C'était une moitié de bergerie qu'on avait échafaudée au beau milieu de la crête... Des pierres superposées les unes au-dessus des autres, de façon à construire un mur solide... C'était un de ces abris comme il y en avait tant dans l'île et dont les bergers grecs se servaient les jours de grand vent...

Nous faisions face à la direction de Seddul-Bahr... Alors mieux valait attendre et, si on devait voir quelque chose, c'était encore là où l'on serait le mieux.

Car j'ai oublié de vous le dire... Le but de notre pèlerinage était d'apercevoir, si possible, le grand incendie que nos troupes devaient allumer en s'en allant... On nous avait dit que ce serait pour 10 heures du soir. D'autres, il est vrai, assurèrent que c'était pour 4 heures du matin...

Ces derniers eurent raison... Nous vîmes un grand éclair qui sembla sabrer l'horizon. Mais les minutes passèrent et on ne vit plus rien... Seulement, le vent devenait de plus en plus fort, et les étoiles semblaient plus lointaines. Notre grand croissant rouge avait glissé jusqu'à la mer, il n'y avait plus dans le ciel qu'un fond noir où les pointillés d'or n'avaient pas l'air de se plaire...

Le vent nous secouait de plus belle, nous arrachait nos capes, nous glaçait... On ne voyait rien, on ne devinait rien... Avec des prodiges d'adresse, nous nous accroupîmes derrière le mur de pierres et, après mille luttes, on ralluma une des lanternes. Le vent, chaque fois que l'on frottait une allumette, enlevait comme avec la main la flamme d'or...

Déçues et tristes à cause du vent qui soufflait et qui montait, montait toujours comme sortant de profondeurs inconnues, nous prîmes le chemin du retour... On trébucha souvent entre les pierres, mais l'esprit était ailleurs et on n'en avait cure... Nos soldats, qui étaient là-bas, qu'allait-il en advenir ? Nous n'étions pas très fières ce soir-là...

Mais quand, vers les 2 heures, je fus réveillée en sursaut, parce que mon auvent battait à tout rompre, je vous assure que je crus défaillir. Ah ! qu'il était vilain ce vent et comme il tapait fort... J'ouvris toute grande ma fenêtre... C'était bien du sud qu'il s'en venait... Il grondait, il grondait et il me secouait toute... Dans la rade, les feux des bateaux avaient l'air d'être mobiles... C'était une vraie tempête !

Comment faire alors pour embarquer?... Lorsque le vent du sud souffle au cap Hellès, il n'y a pas moyen d'accoster... Les lames recouvrent le maigre appontement à chaque coup de mer. C'est une lutte effrayante, incessante... Et on ne peut rien contre... Oh ! si vous saviez comme, ce jour-là, j'ai souffert de mon impuissance... Quelle rage j'ai eue au cœur et quel mal aussi... Oh ! ce vent, ce que je l'ai haï... Et comme j'ai pensé à tous ceux qui étaient là-bas... Quel réveil ce fut...

Mais écoutez. Le lendemain, j'ai su que l'embarquement était terminé lorsque la tempête s'éleva. Anglais et Français avaient abandonné la presqu'île sans mort d'hommes... Rien que trois blessés et légèrement...

A 4 heures, les témoins oculaires qui, sur les bateaux, prenaient le large, virent le formidable incendie allumé par les Alliés. On n'avait rien laissé aux Turcs. Et ils ne durent rien comprendre, lorsque, dans la nuit noire, ils aperçurent, déchirant les ténèbres, une gerbe de feu qu'on évalua à deux cents mètres de haut.

C'était, paraît-il, féerique. La côte d'Europe tout comme la côte d'Asie apparurent transfigurées. Elles semblèrent baignées de rouge, illuminant la nuit.

V

Moudros, janvier 1916.

On nous a amené Clairon... Clairon, vous ne le connaissez pas. Clairon est un chien de régiment, le chien du 54ᵉ colonial... Et comme Clairon n'avait pas permission de reprendre la route, Clairon nous est échu...

Ah! ce Clairon, quel chien ! Il était tout brun, savait être spirituel, audacieux, effronté comme tous les chiens qui s'en viennent on ne sait pas d'où et dont le pédigree est inconnu. Je gage que Clairon n'a jamais su ce qu'était un acte de naissance. D'ailleurs, s'en serait-il soucié? Je ne le crois pas... Il avait une manière à lui de vous regarder droit dans les yeux et de vous dire : « C'est moi Clairon... » C'était suffisant, n'est-ce pas?... Oh! il savait très bien ce qu'il voulait. Aussi, quand il entendait défiler des hommes et qu'il apercevait les caisses à munitions, c'était toute une affaire pour le retenir .. Il fallait trouver une corde presque aussi grosse qu'un câble qu'on lui passait autour du cou et là, solidement attaché, il hurlait en vous jetant des yeux pleins de douleur...

Ou encore, lorsqu'il avait fini par oublier quelques minutes son régiment, il vous sautait sur les genoux sans permission avec ses pattes pleines de terre. Et si vous aviez vu sa surprise lorsqu'on l'en chassait... C'est vrai que cela n'arrivait pas bien souvent... Car Clairon était devenu un peu l'enfant de la maison et on avait des attendrissements et des indulgences pour cette chose vivante qui appartenait un peu à tout le monde...

Il vous aurait fallu voir Clairon le jour de la revue où l'on a distribué les décorations françaises aux troupes anglaises. Clairon bien entendu était de la partie — notre ordonnance n'avait pas eu le cœur de le laisser à la maison. Clairon tirait sur sa corde, l'ordonnance suivait. Clairon passait sans souci de la discipline entre les jambes des assistants, notre ordonnance s'affolait. Enfin Clairon fit tant et si bien qu'il arriva bon premier...

Il se mit à humer l'air dans toutes les directions comme pour retrouver ses anciens compagnons, puis, déçu sans doute, il s'assit gravement et regarda défiler, presque avec du mépris, étranger à coup sûr, le régiment écossais qui avait les pipers en tête !

Bien sûr cela ne lui disait pas grand-chose...

Ah ! ce Clairon, comme il savait courir dans l'hôpital, malgré la défense qui lui en était faite. Mais allez l'empêcher de retrouver quelques hommes du 54e colonial qui étaient soignés là... Il allait les reconnaître en frétillant de la queue, baissant les oreilles, faisant les yeux doux, en signe d'amical salut, puis il passait à d'autres et continuait ainsi sans peur sa ronde...

Mais ce que j'ai oublié de vous dire, c'est que Clairon a un livret militaire... Presque un vrai livret, avec le cachet du régiment encore... On nous l'avait remis, avec Clairon en laisse... Et ce livret-là vaut la peine d'être lu.

D'abord Clairon, en grandes lettres majuscules... Puis Clairon engagé involontaire... Comme états de service, il a été à Valbonne, puis de là a fait involontairement le débarquement à Koum-Kalé ; il a suivi le sort du régiment, involontairement, est descendu à Seddul-Bahr... Involontairement, toujours, il a fait toute la campagne...

Comme punitions, on lit :

Trois jours de corde pour avoir grignoté un pain sans permission.

Quatre jours de corde pour être sorti sans permission.

Deux jours de corde pour n'avoir pas répondu à l'appel...

Et tout cela avec le cachet du régiment comme pour bien témoigner de l'authenticité. Et puis, à la dernière page, on a mis tous les noms de ceux qui veulent rester en correspondance avec Clairon et qui s'intéressent à lui... Et je vous assure qu'il y en a quelques-uns qui aiment Clairon...

Nous autres, nous avons promis de ramener Clairon en France. Et c'est presque un engagement d'honneur...

VI

Moudros, janvier 1916.

A 4 heures du matin, des roulements de tambour, des sonneries ont pénétré dans notre baraque... Des roulements et des sonneries qui se prolongeaient et qui avaient l'air d'accaparer l'atmosphère. Le froid silence du matin, qui fait taire chaque chose, rendait plus pénétrant ce réveil inaccoutumé. Les étoiles fatiguées glissaient des cieux comme ayant hâte de s'endormir. Une pâle froidure montait de la terre au ciel...

A 7 heures, lorsque je suis sortie, j'ai su

le pourquoi de ce réveil inaccoutumé... Notre régiment colonial qui campait sur la colline d'en face était parti à son tour. Il n'y avait plus de guitounes, plus d'allées et venues joyeuses. La place était nette. Seulement, marquant l'emplacement des tentes, il y avait de grands feux qui brûlaient. Les coloniaux ont des principes... Il faut que tout soit remis dans l'ordre habituel avant leur départ... Alors, on avait mis le feu à ce que l'on ne pouvait emporter, on brûlait les pailles et les détritus...

Tous ces feux s'étageant sur la colline, alors que le soleil songeait à peine à se montrer, tous ces feux recouverts d'une grande buée blanche, tous ces feux brûlaient tout seuls comme ayant à cœur de remplir leur tâche... Ils étaient innombrables, de grands et de petits, tous sous l'impulsion d'un vent léger couraient vers la rade...

Ce fut un grand vide que ce départ... Depuis plusieurs jours, on s'était habitué à les voir... Et du plus loin qu'ils nous apercevaient, ils réglaient le pas, pour bien marquer le salut ; c'étaient de bons enfants, de braves enfants, tout prêts à se faire tuer. Et pendant que le soleil venait à son tour reprendre sa tâche, les feux un à un diminuèrent d'intensité. Et on les vit pâlir, s'affaisser, puis mourir, comme si, avec le jour, leur vie s'en allait aussi.

VII

Moudros, janvier 1916.

Il faut partir... Il faut dire adieu aux choses et aux êtres. Il faut partir... Les mois ont passé bienfaisants et doux. Tous nous étions une même famille, un même cœur avec un même désir... Tous nous pensions à la France avant tout. C'était une atmosphère très saine, très élevée, une atmosphère qui laissait si loin en arrière les mesquineries et les laideurs... C'était une grande fraternité, une touchante solidarité... Et c'était à tout cela qu'il fallait dire adieu...

SEPTIÈME PARTIE

I

Février 1916.

L'amiral anglais C... est venu me dire adieu à bord, ainsi que le général commandant la base de Moudros et ses officiers d'ordonnance. La majeure partie des médecins de notre hôpital, dont le groupe s'émiette chaque jour, car la dislocation commence, mes compagnes sont là. La veille, j'avais reçu la visite du général anglais et des colonels anglais C., B... F.-M.-C..., vieux amis de ma famille retrouvés ici.

L'amiral C... se souvenant que nous étions en temps de guerre, avec une charmante simplicité, m'avait envoyé, quelques jours auparavant, des « comforts » pour le voyage. Une boîte de biscuits, une boîte de cacao et une boîte de lait!!! Il ne savait pas que j'allais voyager sur un aussi beau bateau, aussi il s'excuse...

C'est à toute cette douce simplicité de notre vie quotidienne qu'il faut dire adieu, à notre hôpital que j'aperçois de loin, à toutes ces baraques qui m'appartenaient, ces cinq baraques qui représentaient le service du 2ᵉ fiévreux. A chaque malade, j'ai dit mes regrets et mes vœux... Nous nous sommes serré la main et j'ai revu une dernière fois un à un les moindres recoins de notre hôpital... La vie y fut dure au début, puis les améliorations sont arrivées et il était devenu superbe! Même des narcisses y avaient vu le jour...

J'y laisse une grosse partie de moi-même. mais j'emporte beaucoup. C'est vrai, cette vie de camp me fut douce. J'y ai puisé une énergie nouvelle. Une grande paix intérieure et une grande sérénité d'âme sont les biens que j'ai cueillis là... A force d'avoir vu souffrir, mourir, on sait mieux, n'est-ce pas... On sait mieux que la vie n'est qu'un passage, on sait mieux ce que l'on a en soi et ce dont on peut disposer... On apprend à se connaître. Chacun de nous peut faire du bien, car chacun de nous a quelque chose de bon en lui... Il suffit de faire jaillir l'étincelle, il suffit de s'en préoccuper chez les autres, et en la cherchant, on a déjà acquis beaucoup...

Je me rappelle les longues conversations que nous avions le soir avec mon admirable amie, notre infirmière-major, et une autre de mes compagnes, une autre âme très belle... Je tâchais de les suivre... Nous cherchions avec un même désir le but à atteindre. Nous voulions nous rendre meilleures en nous oubliant nous-mêmes... On feuilletait la Sainte Bible ou les Saints Évangiles, on les lisait à haute voix, on les commentait... Et puis, surtout, j'ouvrais souvent toute grande ma fenêtre, pour voir mes étoiles, car j'assurais encore que la suprême beauté de la nature était encore la plus belle manifestation de Dieu... Et qu'avec des nuits comme celle-là, une atmosphère comme celle que nous respirions, on ne pouvait qu'être bons...

Comme nous faisions de grands rêves de paix et de bonté ces soirs-là...

Mais il faut partir, il faut dire adieu à tous ceux qui se sont ingéniés à nous pallier les difficultés, illusoires d'ailleurs, que nous aurions pu rencontrer. C'est à tous qu'il faut dire merci, car petits ou grands se sont multipliés... Nous avons tous été une même famille dans notre île...

Mais ce ne fut que le 7 février que j'abandonnais définitivement Moudros, à bord du croiseur auxiliaire *la Provence-II*. Nous levâmes l'ancre tôt dans la matinée après avoir hissé au maroquin les signaux réglementaires. Et puis nous avons démarré lentement, glissant tout doucement sur l'eau toute grise, jusqu'au delà du barrage de mines... Mais tout de suite hors de l'enceinte, nous filâmes à grande allure...

C'était un matin triste avec une sorte de buée toute froide qui ne parvenait point à chasser le vent d'hiver... Nous avions à bord quelque trois cents prisonniers turcs, près de cent cinquante officiers permissionnaires et nombre de soldats... Mais tout cela disparaissait dans la grande cité qu'était notre *Provence*. On l'avait habillée d'un magnifique gris sombre qui devait la confondre avec la mer...

Du haut de la passerelle, on la dominait

presque entière, et du haut de la passerelle, on voyait aussi loin, très loin... Les hommes de veille se succédaient toutes les heures. Les beaux canons de 14 tout lisses, s'allongeaient dans leur gaine de peinture... Les 47 plus aigus, plus effrontés, pointaient vers le ciel... Tout marchait à souhait, le commandant était satisfait... Les hommes, eux, se réjouissaient de s'en retourner au pays.

A déjeuner, on m'avait mise à la table des officiers supérieurs... Et bien entendu, on parla de la guerre... De quoi aurions-nous pu parler d'autre?... Et comme c'était pour la plupart de ceux qui avaient été à Gallipoli, ils évoquèrent des souvenirs communs... C'était l'arrivée à Koum-Kalé... C'étaient les compagnies de débarquement qui avaient fait si magnifiquement leur devoir, c'étaient ces compagnies qui étaient revenues à 25... C'était l'amoncellement des tués et des blessés, l'héroïsme des troupes... C'était encore la batterie qui, juchée tout au haut du Kerévés-Déré, menaçait Achi-Baba. Et j'entends encore le commandant X... me dire :

— Vous savez, quand on a fait toute cette campagne-là, comme je l'ai faite, on a bien droit à une permission.

Un autre ajoutait, un rêve très doux dans les yeux, avec une pointe d'anxiété :

— Et puis... cela va être bon de se retrouver en famille... Je me demande si j'aurai la chance de voir encore mon grand gosse de fils... Il était en Champagne...

Encore un autre me disait :

— Vous avez vu cette baie de Morto, vous avez vu toutes ces tombes qui sont là... eh bien, j'ai eu un de mes lieutenants tué à côté de moi, justement là, il a été coupé en deux par un obus...

Puis il reprenait :

— Ce qui m'a été le plus dur dans l'abandon de Gallipoli, je sais bien qu'on ne pouvait rien y faire, mais cela a été d'abandonner tous nos morts...

Apsès une pause, il continua :

— Je crois, moi, que les Turcs les respecteront... Ils respectent les blessés et les morts... Jamais ils ne tiraient sur les chalands qui emportaient les blessés...

Puis tout le monde parla à la fois... Quelqu'un jeta :

— Vous savez comme on nous appelle, les ballots des Dardanelles...

Nous parlâmes encore de plusieurs de leurs camarades qui, atteints de typhoïde, étaient venus mourir à notre hôpital :

— Ce pauvre bougre de X..., quel brave garçon c'était. Toujours en train, toujours prêt à se porter au point le plus dangereux... Est-ce qu'il a beaucoup souffert ?

A notre table, nous avions deux officiers serbes et un officier d'état-major anglais... Les deux premiers, songeurs et tristes, écoutaient sans mot dire... Ils écoutaient comme on écoute en rêve... Ils écoutaient la figure crispée... Et j'eus pitié, nous eûmes pitié de cette grande douleur muette...

On parla alors de la Serbie, à voix basse, comme si on parlait d'un mort. On parla de la retraite. On parla des soldats serbes qui à Vido mouraient et du grand chaland qui, chaque matin, transportait tous les cadavres au large pour les immerger... Un des officiers serbes articula :

— Comment voulez-vous que cela soit autrement, nous ne sommes pas restés des jours, mais des semaines sans manger... Moi, j'ai toute ma famille qui est restée là-bas... Est-ce qu'ils ont du pain ? Ont-ils été tués ? Je ne le sais pas ?...

On parla encore d'humanité, on parla de la grande leçon des événements que l'on vivait... On était si peu de chose... Il fallait être bon... Et on conservait une telle grande confiance...

On philosopha longtemps... Puis on étala des photographies. Les moindres anecdotes s'y rattachant me furent contées, les moindres mots répétés. C'était la photographie des enfants, de la mère... C'étaient des photographies que l'on avait serrées fiévreusement dans le grand portefeuille qui prend place sur le cœur...

Nous vivions à bord une vie tranquille, car la *Provence* restait bien sage... Un soir, nous descendîmes presque à fond de cale après avoir erré longtemps dans les corridors obscurs pour entendre un concert improvisé par des soldats et des marins. Un quartier-maître nous fit les honneurs de leur carré. Et là, entassés, officiers, mousses, hommes de tous grades et de tous rangs, nous passâmes des heures exquises et bonnes. Un soldat nous joua sur une mandoline de sa confection, travaillée sous les obus de Gallipoli, de vieux airs charmants et doux. Un Provençal nous récita, en véritable artiste, des monologues de son pays, et la belle langue des gens de Provence résonnait magnifiquement. Puis, armé d'une bouteille dans laquelle il avait glissé deux cuillers, il accompagna l'orchestre...

Puis, le matin, on allait dire bonjour aux poulains nés au corps expéditionnaire d'Orient. Certains avaient vu le jour à Moudros, d'autres à Seddul-Bahr... telle que « Marguerite », une brave petite bête pas commode toujours, qui était née le 12 juin...

On parlait quelquefois des sous-marins que l'on savait dans les parages... Nous étions une belle proie... Mais personne ne s'en émotionna... On n'en était plus là... Et puis vraiment on n'aurait pas été les seuls qui seraient morts pour le pays... Seulement, un jour, un de ceux qui avaient fait le plus magnifiquement son devoir depuis le début des hostilités jeta ces mots, comme répondant à un rêve :

— Ah ! non... alors, sortir vivant des Dardanelles pour s'en venir mourir bêtement comme ça, non... Passe encore pour le retour, mais qu'au moins on aille embrasser sa femme et ses mioches...

Sur la mer, le sillage de notre bateau dessinait d'admirables zigzags. Et ainsi que le commandant aimait à le dire :

— Nous marchons comme un ivrogne...

On fila dix-huit nœuds la nuit, le jour. A la nuit, je montais sur la passerelle, après avoir atteint non sans peine, à cause de l'obscurité qui régnait à l'intérieur de notre *Provence*, l'escalier qui y conduisait... La nuit était noire, toute épaissie par l'amoncellement des nuages... On ne voyait pas à deux mètres de soi. Le grand bruit de la mer que l'on déchirait frappait les flancs du bateau. La mer dans cette nuit n'avait plus sa voix des jours ordinaires. C'était magnifique et terrible, cette course échevelée dans cette atmosphère de tempête. Le mugissement des machines, soutenu par le grondement de la mer que l'on broyait, faisait un tout immense et insoupçonné. Les officiers de quart et les hommes de veille usaient leurs yeux en voulant percer les ténèbres. Et le commandant Vesco, toujours fidèle à son poste, où on le trouvait à toute heure du jour et de la nuit, sondait, lui aussi, d'un œil dur, les ténèbres... Emmitouflé dans sa peau de bique, il allait et venait sur la passerelle... Donnant un ordre, surveillant étroitement la marche du navire.

— On ne peut rien voir... on ne voit rien... On file dix-huit nœuds...

L'énorme masse de la *Provence* se confondait avec la nuit...

Deux jours après, nous eûmes une tempête. La mer embarquait à plaisir et chaque fois que nous tapions du nez dans une vague, un immense tapis blanc se projetait, recouvrant tout l'avant. Les canons sous le choc pivotaient... Nos beaux canons de 14 ruisselaient ensuite. Alors le commandant fit ralentir :

— Il faut qu'on me les soigne un peu ces enfants-là... C'est que je peux en avoir besoin... Aujourd'hui, ce temps-là, fichu temps pour les sous-marins...

Il disait cela en regardant la mer... Il parlait à la manière des marins qui semblent toujours s'adresser à la grande bleue, et répondre à une question que seuls ils auraient entendue...

Le commandant Vesco n'abandonnait toujours pas son poste, et je me demande, pendant ces quatre jours que dura la traversée, comment il put résister. Nous faisions d'immenses détours pour dépister l'ennemi... Chaque soir, je m'en venais là-haut, nous nous y retrouvions nombreux, car tous, nous étions une même famille, car tous me considéraient absolument comme une des leurs, et j'avais beau m'effacer... j'avais fait campagne, moi aussi... Oh ! il n'y avait pas moyen de se défendre... On disait « nous »... Nous étions un bloc, le bloc de l'Orient, dont on parlait sans cesse... Car on parlait de tous les camarades que l'on avait laissés là-bas, des morts comme des vivants. On ne parlait presque jamais de soi... On riait avec de bons rires émus des souvenirs que l'on avait amassés... Et c'était sain... et c'était jeune... Et c'était réconfortant... Et c'était toute la France...

Voyez-vous, tous ceux qui n'auront pas vécu cette vie-là, je les plains infiniment... On ne peut pas savoir l'impulsion qu'elle donne à l'âme... C'est une porte qu'on ouvre...

. . . .

La *Provence* a été coulée à son voyage de retour, on la guettait depuis longtemps... Le commandant Vesco est mort, héroïquement et simplement, aussi simplement qu'il avait fait son devoir jusque-là... Quand on l'a connu, sa fin n'étonne pas... Cet « adieu, mes enfants » qu'il a jeté à ceux qu'on sauvait, cet adieu, c'était lui. Il est resté accroché à sa passerelle, surveillant tout, jusqu'au bout... Refusant d'être sauvé lorsqu'il aurait pu l'être... Pourtant, il était heureux. Il avait une femme qu'il adorait, deux enfants dont il était fier... Mais son pays prédominait...

Avec lui sont morts plusieurs de ceux que j'avais connus à bord, car plusieurs reprenaient la *Provence*... Puissent-ils avoir trouvé en France les joies qu'ils méritaient et puissent-ils emporter avec eux toute notre immense reconnaissance et tout notre douloureux respect... Et gloire à nos marins et à nos soldats... Gloire à eux... toujours...

TOURS. — IMPRIMERIE DESLIS FRÈRES ET Cⁱᵉ.

EN VENTE A LA MÊME LIBRAIRIE

Maurice BARRÈS
DE L'ACADÉMIE FRANÇAISE
PRÉSIDENT DE LA LIGUE DES PATRIOTES

L'AME FRANÇAISE ET LA GUERRE

* L'UNION SACRÉE. Un volume in-18.......	Prix 3 50
** LES SAINTS DE LA FRANCE. Un vol. in-18..	— 3 50
*** LA CROIX DE GUERRE. Un volume in-18...	— 3 50
**** L'AMITIÉ DES TRANCHÉES. Un vol. in-18....	— 3 50

Jacques-Émile BLANCHE

CAHIERS D'UN ARTISTE

1re SÉRIE. Juin-Novembre 1914. Un vol. in-18. Prix 3 50
2e SÉRIE. Nov. 1914-Juin 1915. Un vol. in-18. — 3 50

André SUARÈS

ITALIE, ITALIE ! Une brochure in-18.........	Prix 1 »
NOUS ET EUX. Un volume in-18.............	— 3 50
C'EST LA GUERRE. Un volume in-18........	— 3 50
PÉGUY. Un volume in-18..................	— 3 50
OCCIDENT. Un volume in-18...............	— 3 50
CERVANTÈS. Un volume in-18..............	— 3 50

Tours. — Imprimerie DESLIS FRÈRES et Cie.